DUMONT
DIREKT

Bremen

Britta Rath

Inhalt

Das Beste zu Beginn

Bremen auf die Schnelle
Den Charme des alten Bremen und seine große Tradition können Sie auf und rund um den Marktplatz, in der Böttcherstraße und im Schnoor erspüren. In der Überseestadt – ab Europahafen bis zur Waterfront – dagegen erleben Sie, wie ein Hafenviertel neu und weiter genutzt wird.

Bremen von oben
265 Stufen und Sie haben es geschafft. Vom Südturm des Bremer Doms aus überblicken Sie den Marktplatz mit Roland und Rathaus. Gut erkennbar – wenn nicht gerade Frei- oder Weihnachtsmarkt ist – das ins Pflaster gelegte Hanseatenkreuz, Erinnerung an die Hanseatische Legion und die Befreiungskriege 1813–15.

Bremen selbst entdecken
Wenn Sie ein bisschen mehr Zeit für die Stadt haben, nicht nur die offenkundigen Highlights erlaufen möchten, lohnen sich Abstecher ins ›Viertel‹, also Ostertor und Steintor, oder in die Neustadt. Läden, kleine Märkte, Lokale, Brüche zwischen traditionell und alternativ, saturiert und auf der Suche.

(Alt-)Bremer Häuser
Sie kommen zwar nicht rein, außer Sie kennen jemanden, der in einem solchen Haus wohnt, aber auch von außen sind sie Beachtung wert. Reihenhäuser, en bloc gebaut und doch mit individuellen Noten. Von klein und schlicht bis fast schon herrschaftlich in ihrer Außengestaltung gibt es sie in den Vierteln rund um die Innenstadt – und auf der anderen Weserseite in der Neustadt.

Bremen und der Fußball
Natürlich leben in Bremen Menschen, die nicht nur Fans des einen Vereins sind. Aber wenn Werder kämpft, gar beim Heimspiel im Weserstadion, dann könnte der eine oder andere nicht erreichbar sein. Und das nicht nur beim Nordderby oder wenn es gegen Bayern geht. Bremen leidet, Bremen freut sich – Werder ist in Bremen Kult.

Klangvolles Bremen
Von der jazzahead! bis zur Bremer Kammerphilharmonie, von Songs & Whispers über Rock und Pop im Pier 2 bis zum Bremer Musikfest … Bremer sind musikbegeistert, und das bei Wind und Wetter. Kult ist der Sommer in Lesmona.

!

Ischa Freimaak!
Wie viele Jahreszeiten Bremen hat? Mehrere Fünfte allemal. Ob's das Sechstagerennen ist, der Sambakarneval oder der Freimarkt (Freimaak). Und dann gibt es ja noch Osterwiese, Weihnachtsmarkt, Hafenfeste – der Möglichkeiten sind so viele. Da erkennt man den ›steifen‹ Hanseaten nicht wieder.

Bremens Grün
Joggen, Fahrradfahren, Sonnenbaden – kein Problem. Mir gefällt die Weserinsel zwischen City und Neustadt mit ihren Wegen durch Wiesengrün und Kleingärten, mit Stränden an Café Sand und Werdersee.

In Bremerhaven tut sich was,
vor allem am Wasser, mit den Havenwelten. Zum Schifffahrtsmuseum haben sich das Auswanderer- und das Klimahaus gesellt, das Schaufenster Fischereihafen lockt mit maritimem Flair und allem rund um Fisch.

Das Buch zu Bremen
Peter A. Reischauer: Bremen für die Hosentasche. Augenzwinkernde Anekdoten für alle Fälle. Bremen 2015. Kein Reiseführer! Geschichte, Tradition, Eigenheiten mit Esprit erklärt.

Bremen affin, ja, Asien affin auch. Wenn ich also nicht bei einer Latte ermattet auf den Wochenmarkt am Domshof schaue, sollten Sie es in einem der asiatischen Läden der Stadt versuchen …

Fragen? Erfahrungen? Ideen?

Ich freue mich auf Post.

@ *Mein Postfach bei DuMont:*
b.rath@dumontreise.de

Das ist Bremen

Eine Tugend und manchmal eine Last ist das, was man Bremern nachsagt und was – allemal die gut- bis großbürgerlichen tagenbaren – Bremer bis heute leben: das Zurückhaltende, weder Pomp noch Prunk nach außen zeigen, aber Gutes tun, Geld für das Wohl der Stadt und ihre Menschen geben. Tagenbaren? Das sind Bremer, die von gebürtigen Bremern in Bremen geboren und in Bremen erzogen wurden, wobei es heißt, als solcher gilt nur jemand, von dessen Familie mindestens drei Generationen auf dem Riensberger Friedhof liegen … Und warum eine Last? Das Zurückhaltende zeigt sich auch in der Außendarstellung der Stadt – nix oder wenig von wegen ›Trommeln gehört zum Handwerk‹.

Rathaus, Roland, Stadtmusikanten

Dabei kennt fast jedes Kind die Bremer Stadtmusikanten, auch wenn sie Bremen (im Märchen) nie erreichten. Und dennoch sind sie da, zwischen Rathaus und Liebfrauenkirche, in Bronze gegossen von Gerhard Marcks. Ihre Geschichte gibt es in viele Sprachen übersetzt, nicht zuletzt in der wunderbaren von Janosch illustrierten Fassung. Nur eines der werbewirksame Pfunde, mit denen die Stadt wuchern kann, denn Rathaus und Roland sind Weltkulturerbestätten und nur ein paar Steinwürfe entfernt warten Böttcherstraße und Schnoor auf Besucher – alle nicht vergeblich.

Der Schlüssel zur Welt

Bremen war und ist eine weltoffene Stadt, eine traditionsreiche Hanse- und Handelsstadt – daran erinnert auch der Spruch über dem Schütting, dem Sitz der Handelskammer: »Buten un Binnen, Wagen un Winnen« (draußen wie drinnen, wagen und gewinnen). Hamburg nennt sich »Tor zur Welt«, Bremen kontert: »Und wir haben den Schlüssel«, geführt im Wappen der Stadt.

Großstadt oder Dorf?

Da sind die gediegenen Wohn- und edlen Villenviertel etwa in Schwachhausen oder Oberneuland – mit nicht geringer Millionärsdichte –, oder im Hafenbereich die traditionellen Arbeiterviertel wie Gröpelingen oder Walle – an die jetzt die hippe Überseestadt anschließt. Zentrumsnah liegen, von Gentrifizierung gezeichnet, Ostertor und Steintor, während auf der anderen Weserseite in der Neustadt, zumindest im wesernahen Teil, die Entwicklung hin zu dem, was Ostertor und Steintor einmal waren, begonnen hat. Zu erwähnen auch die Neue Vahr, hochgezogen in Zeiten der Wohnungsnot (1961 fertiggestellt) und heute ein schwieriges Quartier – hohe Arbeitslosigkeit, über 50 % Bewohner mit Migrationshintergrund (sogar 76 % bei den unter 18-Jährigen). Das Kontrastprogramm zu all dem Städtischen liefern die ländlichen Bereiche, ja Dörfer, mit Bauernhöfen und Viehhaltung wie links der Weser Strom und rechts der Weser Blockland und Wasserhorst. Also lautet die Antwort: beides. Und das nicht nur, weil man manchmal das Gefühl hat, dass jeder jeden kennt.

Doch ans Ziel gelangt – die Bremer Stadtmusikanten

Im Aufbruch

Aus dem Freihafen ist die Überseestadt geworden – hippes Wohnen, Arbeiten und Ausgehen in alten Speichern oder Schuppen zwischen noch in Betrieb befindlichen Hafenanlagen. Der Hafen ist tot – es lebe der Hafen! Und sei es im übertragenen Sinn der Raumfahrt›hafen‹. Von Bremen geht es heute nicht mehr nur nach Übersee, sondern man strebt höher, weit hinaus ins All zu Mond und Mars.

Kultur, etabliert und alternativ

Bremens Kulturleben bewegt sich zwischen zwei Polen – den etablierten Theatern, Orchestern etc. und den Ideen, die aus einer parallelen, nicht zum Establishment gehörenden Szene hervorgehen. Letzteren verdankt die Stadt Festivals wie die Breminale oder La Strada, wo sich eine junge Theater- und Musikszene aus aller Herren Ländern trifft. Ein Highlight in der Musiklandschaft bildet die Deutsche Kammerphilharmonie Bremen, ein junges, engagiertes, in Eigenverwaltung organisiertes Orchester – dessen Sommer in Lesmona inzwischen unverbrüchlich zur Bremer Kulturlandschaft gehört. Und: Bremen besitzt hervorragende Museen, hier sei die Kunsthalle genannt, der es dank ihrer Sammlung gelingt, nicht nur exzellente Bestandsausstellungen zu zeigen, sondern auch spannende Sonderausstellungen.

Bier oder Wein?

Die meisten denken bei Bremen an Bier – das hier auch gern getrunken wird, nicht nur an einem lauen Sommerabend im Gewimmel an der Schlachte. Aber Wein? Doch, der Bremer Ratskeller ist der älteste Weinkeller Deutschlands und riesig dazu. Wer lieber ausländische Weine trinkt, wird – außer im Ratskeller – ebenfalls keine Schwierigkeiten haben. Na denn, Prost!

Bremen in Zahlen

2

Städte, Bremen und Bremerhaven, bilden das Bundesland Freie Hansestadt Bremen

4

Bremer Wahrzeichen: Roland, Rathaus, Stadtmusikanten, Fallturm

5

km lang ist die Stromkaje des Containerterminals in Bremerhaven

8

Hochschulen gibt es in Bremen und Bremerhaven

32,5

m ›hoch‹ ist die höchste natürliche Erhebung Bremens

38

km erstreckt sich die Stadt entlang der Weser – fast genau so viele Kilometer Niedersachsen trennen Bremen von Bremerhaven

78

% der Bremen-Besucher kommen aus Deutschland

99

Pfund darf der Schneider wiegen, der am 6. Januar prüft, ob die Weser geiht oder steiht – die Bremer Eiswette

126

m hoch liegt das höchste Trauzimmer Bremens – direkt unter der Spitze des 146 m hohen Fallturms

126

m kurz sind die beiden längsten Straßen im ältesten Viertel der Stadt, dem Schnoor

265
Stufen führen auf den Südturm des Bremer Doms

328
Stiftungen engagieren sich in Bremen, viele davon private und Familienstiftungen Bremer Bürger

364
Jahre alt ist der älteste Wein im Bremer Ratskeller (Herbst 2017)

2311
ha öffentliche Parks und Gärten gibt es in Bremen

4000
plus offizielle Fahrradparkplätze gibt es in der Bremer Altstadt und am Hauptbahnhof

8454
ha der Bremer Fläche werden landwirtschaftlich genutzt (2013)

42 100
Zuschauer fasst das Weserstadion, wo die Bundesligaheimspiele von Werder Bremen stattfinden, als Fußballarena

552 000
Einwohner hat Bremen 2015, knapp 120 000 Bremerhaven

1 340 000
Euro Bruttoumsatz bringt der Tagestourismus in die Stadt

3
Mal ist Bremer Recht! Erst nach dem dritten Fehlversuch wird's ernst

Was ist wo?

Bremen zieht sich … Um die 40 km erstreckt sich die Hansestadt beidseits entlang der Weser. Alte innerstädtische Viertel, einstige Dörfer, die im 19. Jh. wohlhabende Bremer für ihre Landsitze auserkoren, Industrie -und Hafenviertel, moderne Technologieparks – und immer noch Bauernland.

Altstadt

Die Altstadt erstreckt sich zwischen Weser und der Straße Am Wall bzw. den Wallanlagen, die entlang der einstigen Stadtmauer verlaufen. Herz der Stadt ist **Marktplatz** (🗺 Karte 2, E 5) mit **Rathaus und Roland**, beide Weltkulturerbe der UNESCO, und den **Bremer Stadtmusikanten.** Hier beginnt auch die **Böttcherstraße** mit **Paula-Modersohn-Becker-Museum** und **Roselius-Haus.** Nächstes Ziel ist dann Bremens ältestes Viertel, der **Schnoor** (🗺 Karte 2, E 6).

Von der Schlachte zur Überseestadt

Kurz hinter der St.-Martini-Kirche beginnt an der Weser die Ausgehmeile **Schlachte** (🗺 Karte 2, D/E 5). Vor ihr liegt auf der Weserinsel die **Weserburg, Museum für moderne Kunst.** Hinter der Schlachte erstreckt sich das **Stephaniviertel** (bis 1305 außerhalb der Stadtmauern). Hier lebten Seeleute, Fischer und Handwerker, dann überwiegend Arbeiter in engen Häusern, die als Gängeviertel gruppiert waren. Die heutige Bebauung rund um die Kulturkirche St. Stephani erinnert noch ein wenig daran. Nur ein Katzensprung ist es von hier in die **Überseestadt** (🗺 A–C 1–4), wo sich aus dem alten Freihafen ein gemischtes Quartier mit neuen Bauten, alten Speichern, Schuppen und Hafenanlagen entwickelt.

Ostertor und Steintor

Ostertor und Steintor sind als das **›Viertel‹** (🗺 F/G 6) bekannt. Den Übergang von der Innenstadt ins Ostertor prägt die **Kulturmeile** mit der Kunsthalle Bremen, dem **Theater am Goetheplatz,** dem **Gerhard-Marcks-** und dem **Wagenfeld-Haus.** Im Viertel sieht man typische **Bremer Häuser,** kann Galerien besuchen, shoppen, essen und trinken, taucht in eine Mischung aus junger und inzwischen saturierter Szene, alteingesessenen Bremern und Menschen mit Migrationshintergrund ein.

Findorff

Benannt nach dem Moorkommissar Jürgen Christian Findorff (1720–92), besaß der Stadtteil ab 1826 einen **Hafen** (🗺 F 3) um den Torf zu verladen, der aus dem Teufelsmoor nach Bremen verschifft wurde. Findorff, heute ein beliebtes Wohnviertel, hat mit dem **Findorffmarkt** einen schönen Wochenmarkt. Nördlich von Findorff erstreckt sich das ländliche **Blockland** (🗺 außerhalb H/J 1).

Neustadt

Auf der linken Weserseite legte man um 1623–25 im Bereich der heutigen Neustadtcontrescarpe und des Neustadtswalls eine Stadtbefestigung ähnlich der auf der Altstadtseite an. Nach ihrer Schleifung entstanden hier **Arbeiterviertel** (🗺 D 5–F 8; u. a. Zigarrenmacher, Bierbrauer) und Wohnquartiere des Mittelstands. Die handwerklich-industrielle Tradition belegen noch die Produktionsstätten der Brauerei Anheuser Busch InBev (früher Beck & Co), von Mondelez International (vormals Jacobs-Suchard, Kraft Foods) etc. oder das alte Gebäude der Remmer Brauerei (heute **Städtische Galerie**; 🗺 E 7). Der wesernahe Bereich wird bei Studenten und jungen Familien immer beliebter.

Oberneuland mit Rockwinkel
Diese beiden bei der Kultivierung des Hollerlandes entstandenen Dörfer sollten zu einer beliebten Sommerfrische wohlhabender Bremer werden. Ab dem 19. Jh. entstanden Gutshäuser und herrschaftliche Landsitze. Viel Grün prägt den Stadtteil, etwa mit **Heinekens Park, Höpkens Ruh** und **Rhododendronpark** (🕮 L–M 3–4).

Schwachhausen
Das einstige Marschenbauerndorf entwickelte sich ab der zweiten Hälfte des 19. Jh. in ein vornehmes Wohngebiet mit Villen und großzügigen Bremer Häusern. Die Villenarchitektur dominiert an **Parkallee, Schwachhauser Heerstraße** und **Schwachhauser Ring** (🕮 G/H 3/4). In den Seitenstraßen finden sich schöne Bremer Häuser. Jenseits von Bürgerpark und Stadtwald schließt sich der zum Stadtteil **Horn-Lehe** gehörende **Technologiepark Universität Bremen** an. Hier liegt auch das **Universum Science Center** (🕮 H 1); und ragt der **Fallturm Bremen** (🕮 J 1) in den Himmel.

Walle
Walle war einst ein Dorf mit Rittergut. Gegen Ende des 19. Jh. wandelte es sich in ein Arbeiterviertel, geprägt von Industrie- und Hafenanlagen. Spuren der linken Bremer Arbeitertradition findet man auf dem **Waller Friedhof** (🕮 B/C 1/2), wo die Toten der Räterepublik ruhen, und in dem **Volkshaus** (🕮 D 4, Hans-Böckler-Str. 9/Ecke Auf dem Kamp). Einige der von den Nationalsozialisten zerstörten hoetgerschen Fassadenskulpturen der früheren Gewerkschaftszentrale gestaltete Manfred Lohrengel nach.

St. Magnus und Vegesack
St. Magnus kam 1939 zu Bremen. Den Stadtteil prägen an der Lesum ab dem 19. Jh. von wohlhabenden Bremern erbaute Villen, und **Knoops Park** (🕮 Karte 4). In **Vegesack** legte Bremen 1619 den ersten künstlichen Hafen Deutschlands an. Seit den Werftschließungen (A.G. Weser 1983, Bremer Vulkan 1996) erlebt der Stadtteil einen Niedergang, hat aber maritimes Flair. Hier liegt das **Schulschiff Deutschland** (🕮 Karte 4) .

Augenblicke

Wie Perlen an der Schnur

Ein seltener Moment im Schnoor: Nur wenige Menschen sind in der schmalen Gasse unterwegs, wo sich in den kleinen, alten Häusern Lokale und Läden angesiedelt haben. In Ruhe lässt sich dann beides genießen: die unterschiedlichen Häuschen und das Stöbern in den Lädchen.

Innovative Tradition

Der Blick auf – ›Walfisch‹ oder Ufo? – das Universum Science Center und den Fallturm Bremen, vereint in gewisser Weise gestern, heute und morgen. Ein modernes, interaktives Museum zu Natur und Technik, an einem kleinen Teich gelegen, verbindet in der Interpretation seiner äußeren Form schon Tradition und Innovation. Als ›Walfisch‹ erinnert es vielleicht an Walfänger und Atlantiksegler, und als Ufo steht es wie der Fallturm als Symbol für das Bremen, das ins Weltall strebt.

Am Strand beim Café Sand

Entspannt und mitten in der Stadt – hier am Weserstrand trifft sich Jung und Alt, wird gespielt, getobt, geschaut. Beliebt, bequem und ganz besonders ist die kleine Sielwallfähre, die von der Innenstadtseite Am Tiefer Höhe Sielwall hier herüber fährt. Sie transportiert Kind und Kegel, respektive Fahrrad.

Ihr Bremen-Kompass

WOMIT FANGE ICH AN?

#1

Bremens gute Stube –
Am Markt

Musikanten türmen sich auf

#2

Prachtvolles Zeichen
der Bürgermacht –
das Bremer Rathaus

Prunk trifft auf Politik

#3

Hinauf in den Himmel,
hinab ins Grab –
der St.-Petri-Dom

VON MÄUSEN *UND* MUMIEN

#15

Ausflug ins
Künstlerdorf –
Worpswede

Das DORF, das durch das Jahrhundert fiel

#14

An der Außenweser
– **Bremerhavener
Havenwelten**

BREMERH(E)AVEN

#13

Ausflug ins Grüne –
**Radtour entlang der
Wümme**

LUST AUF BEWEGUNG?

#12

Im wahrsten Sinne –
der Bürgerpark

SAUERSTOFF-NACHSCHUB!

#4

Gesamtkunstwerk –
die Böttcherstraße

Macht Faulheit erfinderisch?

#5

Petit und pittoresk –
der Schnoor

KRAM, KRÄMER, KRÄMEREIEN

#6

Vom alten Hafen zur maritimen Meile –
die Schlachte

BIER, BUSINESS UND (SEEBÄREN-) TRÄUME

#7

Im Umbruch –
Weserinsel und Neustadt

grasgrün, industriegrau, multikulti-bunt

#8

Wandel eines Hafenviertels –
die Überseestadt

Hippes Leben in alten Speichern

#9

Wieder aufgebaut –
Kaufmannshäuser in der City

Alles essig, oder was?

ÖKO TRIFFT JUNKIE TRIFFT GENTRY

Vom Knast zur Kunst

#11

Widersprüchlich –
das ›Viertel‹

#10

Kulturmeile –
Kunsthalle Bremen und mehr

1

Bremens gute Stube – **Am Markt**

Am Markt, so heißt der schönste Platz in Bremen. Hier stehen mit Roland und Rathaus die Bremer Weltkulturerbestätten – und etwas versteckt Bremens wohl bekannteste Repräsentanten, die Stadtmusikanten. Hier ist alles vereint, was das Hanseatentum ausmacht: Freiheit und Demokratie, Handel und Bürgersinn.

Der Schütting gegenüber dem Rathaus ist das einstige Gilde- und Kosthaus der Bremer Kaufmannschaft und heute Sitz der Handelskammer. Das Wort Schütting leitet sich vermutlich ab vom niederdeutschen Verb schütten oder inschütten – was schützen bedeutet.

Der Marktplatz, auf dem kein Wochenmarkt mehr stattfindet, aber ein kleiner Freimarkt (wenn man so will: die Bremer Kirmesvariante) und der Weihnachtsmarkt, geht auf den Beginn des 15. Jh. zurück. Hier wurde gehandelt und gefeilscht, unter den Rathausarkaden Recht gesprochen, und am Pranger, dem sogenannten Kaak, wurden Verbrecher zur Schau gestellt. Rund um den Marktplatz entstanden prächtige Bauten, typisch sind die Giebelhäuser. Mehrfach erfuhr er – freiwillige und unfreiwillige, sprich Kriegszerstörungen geschuldete, Umgestaltungen. Das mit Sandsteinplatten in die Pflasterung gelegte

Hanseatenkreuz 1 von 1863 erinnert an die Hanseatische Legion, die 1813–15 gegen die französische Besetzung kämpfte.

Ein erster Rundblick

Für einen Überblick stellen Sie sich am besten in die Mitte des Hanseatenkreuzes. **Rathaus** (▶ S. 24) und **Roland** (s. u.), beide UNESCO-Weltkulturerbe, dominieren den Platz. Dem Rathaus gegenüber steht stolz der **Schütting** (▶ S. 22). Der **Sparkassenbau** 2 an der Südwestecke ist ein Gebäude von 1957/58 hinter einer Rokokofassade von 1758. Weiter an der Westseite folgt die **Rathsapotheke** 3 von 1896. Beim Bau des **Deutschen Hauses** 4 Ecke Obernstraße 1909 wurden Teile älterer Häuser aus der Altstadt verwendet. An der Ostseite steht das **Haus der Bürgerschaft** (s. u.). Zwischen Bürgerschaft und Rathaus fällt der Blick auf den **Dom** (▶ S. 28).

»Vryheit do ik ju openbar ...«

1366 sollen Leute Erzbischof Alberts II. den ersten, hölzernen Roland der Stadt zerstört haben. Der heutige **Bremer Roland** 5 aus Sandstein, vor dem Rathaus gen Dom blickend, entstand 1404. Mit Sockel und Pfeiler (Letzterer aus Kalkstein) misst er 10,21 m in der Höhe. Sein Schild zeigt das kaiserliche Wappen, den Doppeladler, und eine Inschrift, die ihn zum Verkünder kaiserlicher Privilegien macht (die die Stadt aber erst später erhielt). Ins Hochdeutsche übersetzt steht dort: »Freiheit verkünde ich Euch, die Karl und manch Fürst fürwahr, dieser Stätte gegeben hat, das dankt Gott, ist mein Rat«. Der Roland steht für Bürgerfreiheit, Marktrecht und Freiheit von erzbischöflicher Bevormundung. Er gilt als Symbol für den Willen der Bremer Bürger, die Selbstständigkeit Bremens zu bewahren, denn die Legende sagt, dass Bremen so lange frei bleibt, wie der Roland steht – warten wir es ab.

Auch auf der Suche nach Freiheit

Das Märchen der Gebrüder Grimm von den **Bremer Stadtmusikanten** 6 wurde selbst ins Japanische und Chinesische übersetzt. Obwohl Esel, Hund, Katze und Hahn die Hansestadt nie erreichten, sind sie doch eines ihrer Wahrzeichen geworden. Sie stehen für Unternehmungsgeist und – ebenfalls – für Freiheit. Nur folgerichtig, dass der Bildhauer

Bremer Roland

Ü ÜBRIGENS

Wussten Sie, dass der Roland, genauer seine Knie, als Maß in der Raumfahrt dienen – **LMR** = Length Measurement Roland? Nein? Ist auch besser so, war ein Aprilscherz der Bremer Touristikzentrale. Relativ gesichert hingegen ist, dass der Abstand zwischen den ›spitzen‹ Knien des Roland den Marktleuten einst zum Abmessen von Stoff diente: die **Bremer Elle** (ca. 55 cm).
Die kleine Figur zwischen den Füßen des **Roland** soll jenen Krüppel darstellen, der – so die Legende – das Areal des Bürgerparks bzw. der Bürgerweide (▶ S. 62) festlegte.

Gerhard Marcks sie 1951 in Bronze gießen ließ. Die Skulptur steht an der nordwestlichen Ecke des Alten Rathauses. Fassen Sie den Esel an beiden (!) Vorderläufen an, reiben Sie diese und wünschen Sie sich etwas. Ihr Wunsch soll in Erfüllung gehen.

Nie angekommen und doch da – die Bremer Stadtmusikanten

»Buten un Binnen, Wagen un Winnen«

Vis-à-vis dem Rathaus betont der **Schütting** 7, das Haus der Bremer Kaufmannschaft, Stellung und Wohlstand der Kaufleute in Bremen. Über dem um die Wende zum 19. Jh. ergänzten neubarocken Portal mit Freitreppe steht der Wahlspruch der Bremer Kaufleute: »Buten un Binnen, Wagen un Winnen« (draußen wie drinnen, wagen und gewinnen). Der heutige Sitz der Handelskammer (und des Clubs zu Bremen) wurde 1537/38 als Gildehaus der Bremer Kaufmannschaft im Auftrag der Elterleute, der Sprecher der Kaufmannschaft, erbaut. Nach dem Krieg wurde der Schütting innerhalb seiner alten Außenmauern wieder aufgebaut, sein Dach weitgehend mit Sollinger Platten (aus Rotsandstein) eingedeckt. 2009 konnte eine aufwendige Sanierung der Fassade und die Erneuerung des Daches – es erhielt seine kleinen Giebel zurück und wurde wieder komplett mit Kupfer eingedeckt – abgeschlossen werden.

Jeder wär so gern Stadtmusikant in Bremen.

Haus der Bürgerschaft und Bremer Löcher

Dort wo einst die neugotische Börse stand, errichtete man 1963–66 nach Plänen Wassilij Luckhardts das Parlament des Landes Bremen, die **Bürgerschaft** 8. Die Struktur der glasverkleideten Fassaden greift die Architektur der übrigen Gebäude am Marktplatz auf. Im angrenzenden **Skulpturengarten** stehen Arbeiten von Gerhard Marcks aus den 1960er-Jahren.

Bremen ist Haushaltsnotlage-Land – und so fällt es schwer, die Löcher in der Stadt- respektive Landeskasse zu stopfen. Ein Schelm, der Böses dabei denkt, dass sich just südlich neben der Bürgerschaft im Straßenpflaster das **Bremer Loch** 9 befindet – eine Spendenbüchse. Nicht für Parlament oder Senat, sondern zugunsten der Wilhelm-Kaisen-Bürgerhilfe wird hier gesammelt. Wirft man Münzen durch den Schlitz, so ertönen die Laute der Bremer Stadtmusikanten.

Stopfen Sie die Löcher in der Finanzierung von Hilfsprojekten – die Stadtmusikanten danken es Ihnen sofort.

INFOS/ÖFFNUNGSZEITEN

Haus der Bürgerschaft, Skulpturengarten 8: Am Markt 20, T 0421 36 11 24 71, www.bremische-buergerschaft.de, Mo–Do 9–17.30, Fr 9–16.30 Uhr, Führungen n. V., Eintritt frei
Unser Lieben Frauen 10: Liebfrauenkirchhof, Mo–Sa 11–16, So 12–13 Uhr, Eintritt frei

KULINARISCHES FÜR ZWISCHENDRIN

Diverse Lokale bieten hier auch Außenplätze. Alteingesessen: die für ihre Schneemustorte berühmte **Raths-Konditorei** 1 (Am Markt 11, Mai–Sept. tgl. 10–18, Okt.–April So nur 13–18 Uhr). Das **Restaurant 17-83** 7 im Schütting serviert leckere Speisen (Am Markt 13, T 0421 69 66 30 50, www.17-83.de, tgl. ab 11, Küche 12–14.30, 18–22 Uhr, kleine Gerichte ab 9,50 €, sonst ab 18,50 €).

BREMER SCHOKOLADE

Das Deutsche Haus (Am Markt 1, Eingang Obernstraße) birgt mit der Stoevesandt-Diele ein herrliches Ladenlokal im Biedermeierstil mit Holzschnitzwerk und viel Glas. Hier verkauft die Bremer Traditionsfirma (heute allerdings in dänischem Besitz) **Chocolatier Hachez** 1 (www.hachez.de, Mo–Fr 10–18.30, Sa 10–18 Uhr) ihre exquisiten Schokoladen – und natürlich Bremer Kluten, schwarz-weiße Bonschen (Bonbons) aus einer Pfefferminz-Zuckermasse, halb mit schwarzer Schokolade überzogen.

Cityplan: Karte 2, E 5/6 | **Tram** 2, 3, 4, 6, 8 Domsheide, 2, 3 Obernstraße

UM DIE ECKE

Es lebe die Freiheit! Die **Kirche Unser Lieben Frauen** 10 oder Liebfrauenkirche wurde zunächst aus Holz, im 11. Jh. dann aus Stein errichtet. Sie ist die erste Bremer Kirche außerhalb des Dombezirks und die zweitälteste der Stadt. Die heutige frühgotische, dreischiffige Hallenkirche wurde um 1230 als Kirche des Rates erbaut – und ist ein Zeichen für die Unabhängigkeit der Bremer von bischöflicher Macht. Vom romanischen Vorgängerbau (11. Jh.) blieben Krypta und Südturm erhalten. Beeindruckend ist das Lichtspiel der ab 1966 nach Entwürfen von Alfred Manessier von Glaskünstlern aus Chartres geschaffenen Fenster. Relikte der prächtigen Innenausstattung sind die aus Holz geschnitzte Kanzel von 1706 und das Epitaph Dietrich von Bürens (gest. 1686).

#2

Prachtvolles Zeichen der Bürgermacht – **das Bremer Rathaus**

Bremen ist zu Recht stolz auf sein Rathaus, das außen wie innen wohl zu den schönsten Rathäusern Deutschlands zählt. Ob es sein von der Weserrenaissance-Fassade geprägtes Äußeres ist, die Obere Rathaushalle und die Güldenkammer im Inneren – oder Deutschlands ältester Weinkeller im Untergrund.

Wie der Roland zählt das **Bremer Rathaus** 1 seit 2004 zum UNESCO-Weltkulturerbe. Der spätgotische Backsteinbau von 1405–07/10 wurde 1596–1616 nach Plänen Lüder von Bentheims umgebaut. Seither besticht das Rathaus zum Markt hin mit seiner beeindruckenden **Fassade.** Sie erhebt sich über den elf Arkaden des früheren Baus – prägend sind der zweigeschossige Vorbau, in dem sich die Güldenkammer verbirgt, mit seinem Haupt- und zwei kleineren Giebeln. Ungewohnt ist seit 2016 das Dach, das neue Kupferplatten erhielt und daher für die nächsten Jahrzehnte seiner grünen Patina verlustig ging.

Hinter dieser barocken Schnitzkunst, vor der ein Orloogschiff Segel gesetzt hat, verbirgt sich ein weiterer Schatz des Rathauses – die Güldenkammer, ein reines Jugendstilkleinod, das Heinrich Vogeler Anfang des 20. Jh. gestaltete.

Von Tugenden, Propheten und einer Gluckhenne

Schauen Sie sich die mit Bildmotiven verzierte Fassade genauer an. Über den Arkaden etwa zeigt ein Fries Figuren, die die Sternzeichen und Kardinaltugenden darstellen. Und auch die Arkaden wurden ausgestaltet. Mit einer Legende zur Stadtgründung verbunden ist die **›Gluckhenne‹** an der dritten Säule des zweiten Bogens im rechten Zwickel. Fischer, die eine neue Heimat suchten, sollen auf einer Düne am Weserufer eine Henne gesichtet haben, die dort ein Nest für ihre Küken scharrte. Da dachten sie wohl, wo die Henne sich sicher fühlt, werden auch wir zu Hause sein können. So die bekannteste Deutung. Doch ursprünglich symbolisiert sie die schützende Henne, die ihren Küken – so wie der Rat den Bürgern – Schutz bietet. Die Gruppe gegenüber, Hahn und Hund, steht für Wachsamkeit.

An der Fassade erblickt man des Weiteren acht gotische Sandsteinfiguren (Originale im Focke-Museum). Sie zeigen von links nach rechts den Kaiser und dann die sieben Kurfürsten – von Mainz, Trier, Köln, Böhmen (König), der Pfalz, Sachsen und Brandenburg. Auch an der West- und der Ostseite finden sich Sandsteinskulpturen, seit dem 17. Jh. mit den Namen von Gelehrten der Antike bezeichnet, obwohl sie ursprünglich Propheten des Alten Testaments darstellen sollten.

Handel, Gerechtigkeit und Politik

Im Inneren (nur mit Führung) hat die **Untere Rathaushalle** ihre schlichte gotische Gestaltung bewahrt. Früher wurde hier gehandelt und gerichtet. Im Obergeschoss beeindrucken prächtige Säle im Stil von Renaissance und Barock die Besucher. Die **Obere Rathaushalle,** 40 m lang, 13 m breit und 8 m hoch, war über Jahrhunderte das politische Herz der Stadt: Hier tagte der Rat. Heute wird der Saal für kulturelle Veranstaltungen, große Dinner – etwa die Schaffermahlzeit – und Empfänge genutzt. Wertvolle Kronleuchter, vier Modelle von mit Minikanonen bestückten **Orloogschiffen** (das älteste von 1545) hängen von der bemalten Eichendecke herab. Orloogschiffe sind Kriegsschiffe, die einst die Kaufmannsschiffe zu deren Schutz begleiteten. Früher feuerte man die Kanonen der Schiffsmodelle bei dem einen oder anderen festli-

Ü ÜBRIGENS

Sind die Who is who aus Wirtschaft, Politik, Kultur nur Männer? Lange hätt man's glauben können, schaute man sich die Gästelisten des **Schaffermahls** an, das alljährlich in der Oberen Rathaushalle stattfindet. Aber gaaanz langsam kommt Bewegung in die Sache. Inzwischen werden auch Frauen auf dieser Traditionsveranstaltung, die erstmals 1542 stattfand, gesichtet. Ursprünglich das Abschiedsmahl, das Kaufleute und Reeder ihren Kapitänen zum Winterende ausrichteten, bevor diese auf große Fahrt gingen, heute ein nonoriger Treff und eine große Spendenveranstaltung zugunsten des Hauses Seefahrt, das in Not geratene Seeleute und deren Familien unterstützt. Alljährlich kommen mehrere Hunderttausend Euro dabei zusammen.

»Zum Wohl, prosit!« lautet die Devise des kleinen Bacchus auf dem großen Bacchusfass im Ratskeller. Hoffen wir, dass er trink- bzw. sitzfest ist.

chen Anlass sogar ab – doch das bekam nicht nur den Fenstern nicht immer gut. Einen Blick verdient das alte **Ratsgestühl** und an der linken Wand darüber **»Das Salomonische Urteil«** von 1532. Am anderen Ende der Halle finden sich Karl der Große und Willehad mit einem Modell des Bremer Doms: Symbol für die Gründung des Bremer Bistums. Alte **Portale,** darunter das Löwenportal von 1662 und ein Renaissanceportal von 1550, verbinden die Halle mit dem angrenzenden Neuen Rathaus.

Frühbarock meets Jugendstil

Ein Glanzlicht der Oberen Halle ist die **Güldenkammer.** Sie wurde im Mittelerker in zwei Geschossen aus Holz errichtet und ist ein Meisterwerk frühba-

INFOS/ÖFFNUNGSZEITEN

Rathaus 1**:** Am Markt 3, nur mit Führung, Mo–Sa 11, 12, 15, 16, So 11, 12 Uhr (Änderungen möglich), Karten: Tourist-Info (BTZ) Langenstraße/Kontorhaus, www.bremen-tourismus.de, 5,50 €, bis 12 Jahre in Begleitung 1 Erw. frei
Ratskeller 2**:** Am Markt, Führung der BTZ – Karten s. o., Jan./Febr. Fr 16, März–Mitte Nov. Fr 15, 16 Uhr (nicht an Fei), 10,50 € (inkl. 1 Glas Wein), Kinder (nur in Begleitung Erw.) 6–12 Jahre 3,50 €, 13–16 Jahre 6,50 € (inkl. 1 Glas Traubensaft), keine Kinder unter 6 Jahren. Der Ratskeller selbst bietet Themenführungen an (www.ratskeller.de).

KULINARISCHES FÜR ZWISCHENDRIN

Wer nicht die Gelegenheit nutzen und direkt im Welterbe speisen möchte, der findet rund um und bei schönem Wetter auf dem Marktplatz verschiedene Einkehrmöglichkeiten – von Kaffee und Kuchen über Quiches bis zu Steak und Spareribs. Ganz in der Nähe am Liebfrauenkirchhof können Sie auch testen, welche Bratwurst besser schmeckt, die von **Kiefert** 1 (Mo–Do 7–21, Fr 7–22, Sa 8–22, So 10–21 Uhr, mein persönlicher Favorit) oder die von **Stockhinger** 2 (Mo–Sa 9.30–22.30, So 11–19.30 Uhr). Wer weder Wurst noch Pommes Frites mag: bei Kiefert gibt es auch tolle Brote (mit leckeren Aufstrichen, allerdings nur von 9.30–19 und sonntags von 11–17 Uhr).

FÜR FREUNDE DEUTSCHEN WEINES

Wer Ratskeller-Wein erwerben möchte, kann dies auf der Rückseite des Neuen Rathauses tun, beim **Weinverkauf des Bremer Ratskellers** 1 (Schoppensteel 1, T 0421 33 77 88, www.ratskeller.de, Mo–Fr 9–18, Sa 9.30–15 Uhr).

Cityplan: Karte 2, E 5/6 | **Tram** 2, 3, 4, 6, 8 Domsheide, 2, 3 Obernstraße rocker Schnitzkunst. Das Innere gestaltete Heinrich Vogeler 1903–05 zu einem Gesamtkunstwerk des deutschen Jugendstils: goldgrundige Ledertapeten, Möbel und Kaminverkleidungen. Hauptmotiv sind stilisierte Vögel und Rosen.

Das Neue Rathaus

Nicht nur repräsentativen Zwecken dient das **Neue Rathaus,** 1909–13 errichtet, das sich als Erweiterungsbau an das Alte Rathaus anschließt. Es birgt Festsaal, Kaminsaal, Gobelinzimmer (Fr Trauungen), Senatssaal und den Weißen Salon. Im Hansezimmer residiert der Präsident des Senats und Bürgermeister der Freien Hansestadt Bremen.

Fantasien im Bremer Ratskeller

An der Westseite des Rathauses geht es hinab in den **Ratskeller** 2, dessen Weinlager in Spitzenzeiten 750 000 Flaschen Platz bietet und wo meist 120 000–150 000 Flaschen, traditionell nur deutschen Weines, lagern. Ausgerechnet Bremen besitzt den ältesten Weinkeller Deutschlands. Hier wird seit 1405 Wein ausgeschenkt, und noch heute ist er Restaurant und Wein›stube‹.

Ohne Führung zugänglich ist die gotische **Hauptausschankhalle.** In der Halle fallen links gewaltige **Weinfässer,** das älteste von 1723, ins Auge. Rechts öffnen sich kleine Türen in die sechs **Priölken,** Miniräume, in denen z. B. Kaufleute ihre Verträge machten. Die Türen durften nur geschlossen werden, wenn sich mindestens drei Personen in dem Raum aufhielten.

Mit ein wenig Glück kann man auch einen Blick in **Bacchus- und Hauffkeller** werfen. Der Märchendichter Hauff hielt sich 1823 einige Tage in Bremen auf und ertränkte seinen Liebeskummer im Ratskeller. Im Hauffkeller finden sich Fresken, die Max Slevogt nach Hauffs **»Phantasien im Bremer Ratskeller«** 1927 schuf. Fragen Sie hier auch nach den **Echosäulen** und probieren Sie sie aus!

Wahre Schätze sind **Senats- und Kaiserzimmer** sowie **Apostel- und Rosekeller.** Der Rosekeller birgt ein Fass mit dem ältesten Wein des Ratskellers: dem Rüdesheimer Rosewein (nicht Roséwein) von 1653, in den Apostelfässern lagern Weine von 1727 bis 1784. Diese Bereiche sind wie das **Weinlager** und die **Schatzkammer** nur mit Führung zugänglich.

Ü ÜBRIGENS

Bremen und Wein? Norddeutsche trinken doch Bier? Stimmt zwar, aber dennoch: Der Bremer Ratskeller verfügt bis heute über das größte Angebot deutscher Weine. Hier versteht man Wein längst als Teil des Kulturguts (muss man nicht so weinernst nehmen, wie es sich anhört) – aber irgendwie ernst genommen wird es schon. Der Ratskeller hat die Patenschaft für eine Parzelle des berühmten Erdener Treppchens, einer der Grand-Cru-Lagen an der Mittelmosel, übernommen. Damit trägt er zum Erhalt zweier römischer Kelteranlagen bei.

▶ LESESTOFF

»Man steigt vom Keller einige Stufen aufwärts zum kleinen Kellerlein, zum unterirdischen Himmelsgewölbe, zum Sitz der Seligkeit, wo die Zwölfe hausen.« Was meint Wilhelm Hauff damit? Nachzulesen in seinen **Phantasien im Bremer Ratskeller, ein Herbstgeschenk für Freunde des Weines,** die er 1827 veröffentlichte.

3

Hinauf in den Himmel, hinab ins Grab – **der St.-Petri-Dom**

Auf dem höchsten Punkt der Düne, wo Bremen seinen Anfang nahm, erhebt sich der Bremer Dom. Er überrascht mit Maus und Mumien, mit germanischen Symbolen – und der Erinnerung an den guten Knigge.

Die Geschichte des seit der Reformation evangelisch-lutherischen **St.-Petri-Doms** 1 begann 789 als Holzkirche – geweiht von Bischof Willehad, der im Auftrag Karls des Großen die Sachsen missionieren sollte –, kennt eine über zwei Krypten errichtete dreischiffige romanische Pfeilerbasilika, erfuhr Um- und Erweiterungsbauten ebenso wie Zerstörungen. Seine heutige Gestalt geht auf das 19. Jh. zurück, als er nach Entwürfen Max Salzmanns neu aufgebaut wurde: Die Türme erhielten ihre heutige Höhe, der Vierungsturm wurde errichtet, die Kirche in historisierend-byzantinischem Stil ausgemalt, das Äußere neuromanisch

Zu den Füßen des Doms, auf dem Domshof – nicht auf dem ursprünglichen Bremer Marktplatz – findet unter der Woche der größte Bremer Markt statt.

gestaltet. Im Zweiten Weltkrieg erneut erheblich beschädigt, erfolgte bis 1951 ein weiterer Wiederaufbau.

Annäherung an den Dom

Vom Grasmarkt her nähert man sich dem Eingang des Doms. Hoch ragen sie auf, die 98 m hohen **Türme** an der Westfassade. An der **Fassade** fallen fünf Steinfiguren ins Auge: die Mittlere mag für Irritation sorgen, ähnelt sie doch Kaiser Wilhelm II. (zur Zeit der Neugestaltung des Doms deutscher Kaiser), soll aber Karl den Großen darstellen. Die beiden **Bronzeportale** von 1891 zeigen (links) alt- und (rechts) neutestamentliche Szenen, die nicht frei vom christlichen Antijudaismus Ende des 19. Jh. sind. Die Bremer Domgemeinde ist sich dessen bewusst und möchte die Portale heute als Mahnmal gegen Diskriminierung aus ethnischen und religiösen Gründen verstanden wissen.

Mittelalter, Gotik und mehr – die Kirchenschiffe

Durch das Südportal betritt man den dreischiffigen Dom. Im Mittelschiff ist insbesondere die barocke **Kanzel** aus der ersten Hälfte des 17. Jh. sehenswert. Aus Lindenholz geschnitzt, zieren König David und die Evangelisten die Kanzeltreppe, Figuren Abrahams, Moses' und Salomons sowie die Propheten des Alten Testaments die Kanzel selbst. Über allem wacht der auferstandene Christus mit Siegesfahne. Dreht man sich um, so fällt der Blick zurück auf die **Westempore.** Ihre **Lettnerbrüstung** von der Wende vom 14. zum 15. Jh. wird Bildhauern aus Brabant zugeschrieben. Sie zeigt im Zentrum Bischof Willehad mit Karl dem Großen und einem Modell des Bremer Doms. Auf der Empore steht die gewaltige **Sauer-Orgel** von 1894, darüber leuchtet die neuzeitliche **Westrosette.**

Auffällig ist die unterschiedliche Größe der beiden Seitenschiffe. Während das **Nordschiff** noch die mittelalterlichen Maße aufweist und in seiner dritten Kapelle Seitenwände des **Chorgestühls** aus dem 14. Jh. mit hervorragenden Reliefschnitzereien birgt, wurde das **Südschiff** nach einem Brand im 16. Jh. umgestaltet. Es präsentiert sich als lichte gotische Halle mit filigranem Netzgewölbe.

Vom rechten Querschiff gelangt man in das **Dom-Museum.** Es zeigt u. a. die restaurierten

Ü ÜBRIGENS

Hanseaten sind steif? Ein Vorurteil. Aber, liegt nicht Knigge im Dom begraben? Würde doch passen? Das Einzige was stimmt: Ja, in einem Nebenraum des Südquerschiffs erinnert eine Grabplatte an **Adolph Freiherr Knigge,** der von 1790 bis zu seinem Tod 1796 in Bremen wirkte. Aber Knigge ein ›Benimmonkel‹? Er war in bestem Sinne ein deutscher Aufklärer. Ihm ging es um Takt, Höflichkeit, Respekt zwischen Menschen unterschiedlichster Herkunft, unterschiedlichsten Alters – niedergelegt in »Über den Umgang mit Menschen«. Passt doch in die heutige Zeit (und zu den Bremern). Die Benimmregeln, die dieses Werk zu *dem* ›Knigge‹ machten, hat der Verlag erst nach Knigges Tod ergänzt.

INFOS/ÖFFNUNGSZEITEN

Dom 1: www.stpetridom.de, Okt.–Mai Mo–Fr 10–17, Sa 10–14, So 14–17, Juni–Sept. Mo–Fr, So 10–18, Sa 10–14 Uhr
Dom-Museum 1: Mo–Fr 10–16.45, Sa 10–13.30, So 14–16.45 Uhr, Eintritt frei
Turmbesteigung 1: April/Mai, Okt. Mo–Fr 10–16.30, Sa 10–13.30, So 14–16.30, Juni–Sept. Mo–Fr, So 10–17.30, Sa 10–13.30 Uhr, letzter Einlass 30 Min. vor Schließung, Eintritt wie Bleikeller.
Bleikeller 2: Am Dom 1, April/Mai, Okt. Mi–Fr 10–16.45, Sa 10–13.45, So 12–16.45, Juni, Sept. Mi–Fr 10–16.45, Sa bis 13.45, So 12–16.45 Uhr, Juli/Aug. Mo–Fr 10–17.45, Sa bis 13.45, So 12–17.45 Uhr, 2 €, Kinder bis 12 Jahre 1 € (Kombiticket Turm, Bleikeller 3/1,40 €)
Bibelgarten 2: Am Dom, im ehemaligen Kreuzgang an der Südseite des Doms, Sommer tgl. 10–22 Uhr, Eintritt frei

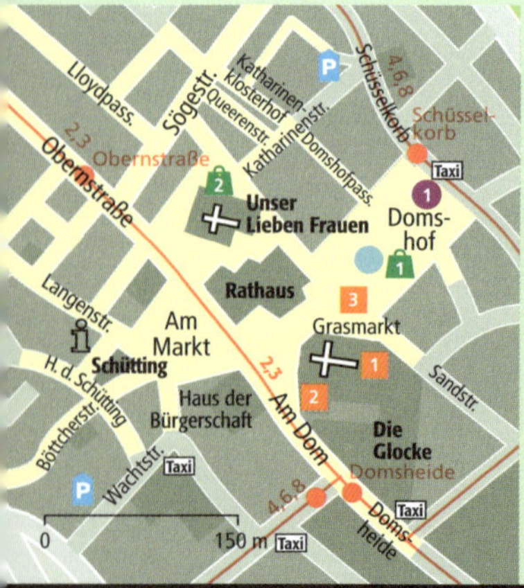

KULINARISCHES FÜR ZWISCHENDRIN

Vor allem wochentags bei halbwegs gutem Wetter bietet sich eine Pause auf der Terrasse des **Alex** 1 (Am Domshof 16, T 0421 32 26 70, www.dein-alex.de, Mo–Do 8–24, Fr/Sa 8–1, So, Fei 9–24 Uhr, HG 7,80–16,60 €) an – zwar Systemgastronomie, aber man kann lange frühstücken (Mo–Fr bis 12, Sa bis 13 Uhr, als Büfett ohne Getränke 8,50 €, So, Fei Brunch bis 14.30 Uhr, 13,20 €) und es gibt prima Milchkaffee etc. Vor allem kann man hier entspannt das Treiben auf dem Bremer **Wochenmarkt** 1 (Mo–Fr 8–14, Sa 8–15 Uhr) beobachten, der bis über die Mittagszeit hinaus den Domshof dominiert. An ihn schließt sich nach Nordwesten zur Kirche Unser Lieben Frauen hin der **Blumenmarkt** 2 an.

Cityplan: Karte 2, E 5/6 | **Tram** 2, 3, 4, 6, 8 Domsheide, 2, 3 Obernstraße

Funde aus mittelalterlichen Bischofsgräbern (11.–15. Jh.), die in den 1970er-Jahren entdeckt wurden.

Geschichte von der Maus

Geht man im Hauptschiff die Stufen zum Hochchor hinauf und wendet sich dort zum rechten Rundportal, so findet man an seinem linken Fuß eine kleine, steinerne **Maus.** Lange hieß es, sie sei eine Schnurre, ein Erkennungszeichen eines am Dombau beteiligten Handwerkers. Doch die Maus, im Mittelalter Symbol für die Mächte der Finsternis, sollte Letztere daran hindern, die Kirche zu betreten: Das Portal und sein Pendant gegenüber sind wohl alte Eingangstüren des Doms, die im 13. Jh. hierher verbracht wurden.

Germanische Symbole und eine Orgel

Die **Ostkrypta** des Doms geht auf das 11. Jh. zurück. An den vier romanischen **Kapitellen** im Altarbereich entdeckt man neben Blüten und Blumen auch germanische Symbole wie Midgartschlange oder Fenrisswolf. Die **Grabplatte** (1939) erinnert an Erzbischof Adalbert (1043–72). Im Eingangsbereich des Doms geht es in die 1066 geweihte romanische **Westkrypta,** den ältesten Bau Bremens. Sie birgt einige der bedeutendsten Kunstwerke des Bremer Doms: das bronzene **Taufbecken** (um 1229), ein **Steinrelief** des 11./12. Jh. und eine **Silbermann-Orgel** (18. Jh.).

Hinauf in den Himmel, hinab ins Grab

Über eine 265-stufige enge Wendeltreppe gelangt man vorbei am Glockenstuhl zur **Aussichtsplattform des Südturms.** Bei gutem Wetter bietet sich von dort oben eine schöne Sicht über die Innenstadt.

Der **Bleikeller** 2 (Eingang Bibelgarten) birgt acht mumifizierte Leichname aus der Ostkrypta. Sie mumifizierten, weil dort früher Blei gelagert wurde, das man – in Plattenform gebracht – zur Eindeckung des Doms verwendete.

UM DIE ECKE

Tod einer Serienmörderin – Auf dem **Domshof,** dem größten und von monumentalen Gebäuden umstandenen Platz der Bremer Altstadt, entdeckt man 20 m vor dem Brautportal des Doms einen nur durch ein Kreuz kenntlich gemachten, ins Pflaster eingelassenen Stein: den **Spuckstein** 3. Er erinnert an die letzte öffentliche Hinrichtung, die hier stattfand – die Enthauptung der Giftmischerin Gesche Gottfried 1831. Über lange Zeit spuckten die Bremer als Ausdruck ihres Abscheus auf den Stein. Warum sie 15 Menschen, darunter zwei ihrer Ehemänner, ihre Eltern, Kinder, ihren Bruder etc. mit Arsenik ermorderte und weiteren nicht-tödliche Dosen des Giftes verabreichte, ist bis heute ungeklärt. Rainer Werner Fassbinder hat mit seiner »Bremer Freiheit« (1971), einem 1972 von ihm selbst verfilmten Theaterstück, eine Interpretation der Geschehnisse geliefert.

F
FEGER

Steht ein (junger) Mann auf der Domtreppe und fegt und fegt und fegt … oder eine junge Frau putzt und putzt Klinken – die Türklinken des Doms. Dabei beobachtet von einer Gruppe von Leuten: Familie, Freunde, Unbeteiligte. Wird ein Junggeselle/eine Junggesellin 30, ist das Fegen Pflicht, auch wenn sich heute manch einer dieser entzieht. Nimmt er sie aber wahr, muss er ausharren und fegen, fegen, fegen – bis ein Mädchen ihn küsst. Und ein Mädel von 30, das noch nicht in festen Händen ist, putzt und putzt die Klinken – bis ein junger Kerl es per Kuss erlöst.

#4

Gesamtkunstwerk – die Böttcherstraße

Zum Bummeln lädt die Böttcherstraße ein, ein weitgehend in Backstein ausgeführtes architektonisch-skulpturales Gesamtkunstwerk und Kunsthandwerksparadies, untrennbar verbunden mit den Namen Ludwig Roselius und Bernhard Hoetger. Hier befindet sich auch das Paula-Modersohn-Becker-Museum.

Die Böttcherstraße, eine nur gut 100 m lange Fußgängergasse, führt vom Marktplatz zur Martinistraße, Richtung Weser. Vermutlich wurden hier im Mittelalter Schiffe gebaut, denn für 1317 ist die Straße als Hellinchstrate (Hellingstraße, Helling = Werft) belegt. Später wurde sie in Bodekerstrate (Böttcherstraße) umbenannt. Böttcher fertigten hier Fässer, die für den Warentransport benötigt wurden. Im Verlauf der zweiten Hälfte des 19. Jh. folgte im Zuge der Hafenverlagerung der Niedergang.

Roselius als Mäzen

Die heutige Böttcherstraße verdankt die Stadt dem Bremer Kaffeekaufmann und großen Mäzen, dem

Der Blick geht nach oben zu einem kleinen Backstein(halb)rund, das zwischen dem Haus des Glockenspiels und dem Roselius-Haus ab und an sein Geheimnis preisgibt – ein Teil der Wand schwingt zur Seite – und die Erinnerung an Pioniere der See- und Luftfahrt wird wach.

Erfinder des koffeinfreien Kaffees (Kaffee HAG), Ludwig Roselius (1874–1943). 1902 erwarb er hier das heutige **Roselius-Haus** (► S. 34) von 1588, alle übrigen Häuser stammen aus den Jahren 1922–31. Roselius wollte nach dem Ersten Weltkrieg mit der Gasse als Gesamtkunstwerk ein Zeichen setzen: mit Rückgriff auf Vergangenes in die Zukunft weisen. Mit dem Aufbau beauftragte er als Hauptarchitekten Alfred Runge, Eduard Scotland, Carl Eduard Eeg sowie den Allrounder und Bildhauer Bernhard Hoetger. So finden sich hier historisierende und – dank Hoetger – expressionistisch-avantgardistische Elemente vereint. Zwar wurde die Straße 1944 stark zerstört, doch 1954 standen zumindest die Fassaden wieder so, wie sie vor dem Krieg ausgesehen hatten.

Gülden glänzt »Der Lichtbringer« über dem Eingang zur Böttcherstraße. Leider war Hoetgers Intention, als er das Relief schuf, nicht goldglänzend, sondern braundumpf.

Ein Versuch der Anbiederung

Vom Markt kommend, markiert Hoetgers strahlend-goldenes Relief **»Der Lichtbringer«** 1 (1936) den Beginn der Böttcherstraße. Es zeigt den hl. Michael als Drachentöter, was Hoetger damals als »Sieg unseres Führers über die Mächte der Finsternis« verstanden wissen wollte. Doch Hitler lehnte die Architektur der Straße als ein Werk, das von Unkenntnis des Nationalsozialismus zeuge, ab. Hoetgers Arbeit galt nun als ›entartet‹. 1943 flüchtete er in die Schweiz.

Roselius, Paula und Hoetger

Dahinter erstreckt sich rechts das **HAG- oder Sieben-Faulen-Haus** 2 (Runge & Scotland, 1924–27) mit Arkaden und Treppengiebeln, auf denen Skulpturen der Sieben Faulen (s. u.) zu entdecken sind.

Das **Paula-Becker-Modersohn-Haus** gegenüber konzipierte Hoetger 1926/27. Im Innenhof stehen einige seiner Plastiken. Das Gebäude selbst birgt das **Paula-Modersohn-Becker-Museum** 3. Roselius hatte das Haus für seine Werksammlung der 1907 jung verstorbenen Worpsweder Malerin bauen lassen. Der mit Paula befreundete Hoetger errichtete es in expressionistischem Stil. Das weltweit erste einer Malerin gewidmete Museum zeigt Gemälde, Zeichnungen und Grafiken der Künstlerin sowie die umfangreichste Sammlung an Skulpturen, Gemälden und Zeichnungen Hoetgers. Paula Modersohn-Becker, die erst nach ihrem Tod gebührende Würdigung er-

Ü ÜBRIGENS

Paula-Modersohn-Becker-Museum im Paula Becker-Modersohn-Haus? Es gibt eine Erklärung. Bekannt ist die große Künstlerin gemeinhin als **Paula Modersohn-Becker** – ihr eigener Name hintan gestellt. Doch Roselius sah vor allem die Künstlerin Paula Becker, die erst nach ihrer Heirat mit Otto Modersohn einen Doppelnamen führte. Um dies zu betonen, setzte er ihren Mädchennamen voran. So ist das Paula-Modersohn-Becker-Museum im Paula-Becker-Modersohn-Haus.

fuhr, gilt als Wegbereiterin der Moderne in der Kunst.

Direkt (Durchgang) mit diesem Gebäude verbunden ist das Roselius-Haus mit dem **Ludwig Roselius Museum** 4. Roselius hatte sich 1902 überreden lassen, das Renaissance-Haus, dessen Grundmauern ins 14. Jh. datiert werden, zu erwerben. 1928 ließ er es von Eeg umbauen und als Museum einrichten. Das Museum spiegelt den Wohnstil der Bremer Kaufleute wider. Roselius trug eine enorme Sammlung an Möbeln, Fayencen, Gläsern, Holzskulpturen und Gemälden zu-

INFOS/ÖFFNUNGSZEITEN

www.boettcherstrasse.de
Museen Böttcherstraße: Paula Modersohn-Becker-Museum 3, Ludwig Roselius Museum 4, Böttcherstr. 6–10, T 0421 338 82 22, www.museen-boettcherstrasse.de, Di–So 11–18 Uhr, 8/6 €, bis 6 Jahre frei, Familien (2 Erw., 4 Kinder) 20 €
Glockenspiel/Tafeln der Ozeanbezwinger 6: Haus des Glockenspiels, Jan.–März tgl. 12, 15, 18, April–Dez. 12–18 Uhr jede Std. (nicht bei Frost)
Himmelssaal 10: Radisson Blu Hotel, Böttcherstr. 1, T 0421 36 96-0, 1 Woche vorher anfragen (zwingend!), tgl. 10–12, 14–16 Uhr, 3 €, bei Rezeption melden
Spitzen Gebel 12: Hinter dem Schütting 4, T 0421 330 68 98, www.spitzen-gebel.de, Mo–Fr ab 12, Sa ab 11 Uhr, open end (So nur bei Heimspiel von Werder Bremen)

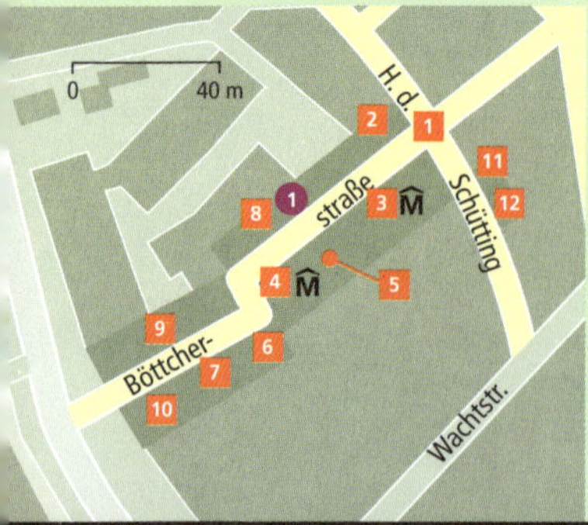

KULINARISCHES FÜR ZWISCHENDRIN

Im **Weinkontor St. Petrus** 1 (Böttcherstr. 5, T 0421 339 94 99, www.weinkontor-bremen.de, Di–Fr 12.30–20, Sa 12–19 Uhr) kann man Wein und anderes trinken, aber auch essen. Sogar im Winter stehen hier Tischchen unter den Arkaden.

SOUVENIRS

Bremensien, Kunsthandwerk, Tee oder etwas Süßes? In der Böttcherstraße reihen sich die Lädchen aneinander, darunter im **Handwerkerhof** 5 die **Bremer Bonbon Manufaktur** (Mo–Sa 11–18, April–Sept. auch So 12–17 Uhr).

Cityplan: Karte 2, E 5/6 | **Tram** 2, 3, 4, 6, 8 Domsheide, 2, 3 Obernstraße

Im Handwerkerhof erinnert ein Brunnen daran, dass Faulheit erfinderisch macht …

sammen, darunter Arbeiten von Tilman Riemenschneider (16. Jh.) und den Cranachs.

Lob der Faulheit

Der **Handwerkerhof** 5 birgt Kunsthandwerksläden- und -werkstätten sowie Hoetgers **Sieben-Faulen-Brunnen.** Er illustriert eine Sage, von Friedrich Wagenfeld (1810–46) niedergeschrieben, die erzählt, dass Faulheit erfinderisch macht: Sieben als faul verschriene Bremer Brüder fanden in ihrer Heimatstadt keine Arbeit und zogen deshalb in die Welt hinaus. Zurückgekehrt führten sie bequeme Neuerungen ein: bohrten einen Brunnen, um nicht Wasser aus der Weser heranschaffen zu müssen, pflanzten Bäume, um nicht im Wald Holz schlagen zu müssen usw. Aber auch das wurde ihnen als Faulheit ausgelegt – manchmal braucht der Mensch halt länger, den Sinn von Innovationen zu erkennen, Erfindergeist wertzuschätzen …

Glockenspiel und Ozeanbezwinger

Es folgt, leicht zurückversetzt, das **Haus des Glockenspiels** 6, 1922–24 von Runge & Scotland für die Bremen-Amerika-Bank umgebaut. Zum Klang eines **Meißener Glockenspiels** dreht sich das Mittelstück des halbrunden Eckturms und Hoetgers zehn holzgeschnitzte und bemalte **Tafeln der Ozeanbezwinger** erscheinen. Sie zeigen See- und Luftfahrer von Erikson und Kolumbus bis Lindbergh und Eckener. Im **Hoetgerhof** 7 finden sich weitere Arbeiten des Bildhauers.

Robinson Crusoe und Bremen

Gegenüber dem Haus des Glockenspiels steht das **Haus St. Petrus** 8, von Runge & Scotland als Haus der Gastronomie erbaut – und heute noch entsprechend genutzt. Daran grenzt das

Ü
ÜBRIGENS

Lust auf einen **Sluk ut de Lamp** (Kräuterschnaps)? Den gibt's im **Spitzen Gebel** 12 (Hinter dem Schütting 4, T 0421 330 68 98, www.spitzengebel.de, Mo–Fr ab 12, Sa ab 11 Uhr, open end, So nur bei Heimspiel von Werder Bremen), dem letzten erhaltenen mittelalterlichen Bürgerhaus Bremens (entstanden um 1400). Die heutige Kneipe (hier darf man rauchen, also gibt's nichts zu essen) diente ab 1913 den Klavierträgern als Bürohaus – und die durften während der Arbeit bzw. auch während Wartezeiten nicht trinken. Gewitzt wie sie waren, funktionierten sie eine Laterne zur Flasche um …

Angekommen in himmlischen Gefilden – die Decke im Himmelssaal

Robinson-Crusoe-Haus 9. Wohl jeder kennt Daniel Defoes Roman »Robinson Crusoe«. 1719 schuf der Kaufmann und Schriftsteller die Figur des Robinson Kreutzner (Crusoe), Sohn eines in England lebenden Bremer Kaufmanns. Für Roselius stand Robinson für hanseatischen Pioniergeist und so trägt das Haus dessen Namen. Im Parterre, einst Präsentationsraum für Kaba (wie HAG ein Roselius-Produkt), findet alljährlich ein kunsthandwerklicher Weihnachtsmarkt statt.

Heikle Utopie

Durch einen Torbogen verbunden liegt gegenüber Hoetgers **Haus Atlantis** 10 (1931). Der Name verweist auf die Intention des Künstlers: Das Haus stellt eine in Architektur gegossene Atlantis-Utopie dar, Ausdruck der politisch heiklen Seiten Roselius'. Er wollte Anhängern einer Germanenkultur, die Atlantis mit Helgoland verbanden (Arier als Atlanter), Räume zur Verfügung stellen. Dennoch gelten **Treppenhaus** und der **Himmelssaal** im Obergeschoss als einer der Höhepunkte der deutschen Architektur der Zwischenkriegszeit: Glasbausteine und Stahlbeton sind die prägnanten Baumaterialien. Der Himmelssaal ist in Blau und Weiß gehalten, die gewölbte Decke mit Glasbausteinen in diesen Farben gestaltet – besuchen Sie den Saal bei Sonne, dann entwickelt sich ein herrliches Lichterspiel. 1965 gestaltete Mataré die Fassade des Hauses, das heute ein Hotel birgt, neu.

Hier geht's in den Himmel(ssaal).

Somit finden sich am Anfang und am Ende der Böttcherstraße jeweils Objekte, die auch etwas über die Irrwege des großen Mäzens Ludwig Roselius und des großartigen ›Allrounders‹ Bernhard Hoetger verraten.

UM DIE ECKE

In der kleinen Gasse Hinter dem Schütting steht Bernd Altensteins **»Fietje Balge«** 11. Die Skulptur erinnert an die See- und die armen Leute des Balgeviertels. Die Balge, ein Weser-Nebenarm, wurde im 17. Jh. zunächst kanalisiert und dann zugeschüttet. In der Straße Stintbrücke, in der Wachtstaße, quer über die Balgebrückstraße und im Schnoor-Viertel deuten **Pflastersteine** ihren einstigen Verlauf an. Im Mittelalter war sie Bremens erster Weserhafen.

Petit und pittoresk – **der Schnoor**

#5

Winzige Häuschen reihen sich wie Perlen an der Schnur, bergen Galerien, Kunsthandwerks- und Antiquitätenläden, Cafés und Restaurants. Das älteste Stadtviertel Bremens, einst das Zuhause von Seeleuten, Fischern und Handwerkern, die im Bereich des Balge-Hafens lebten, lädt heute zum Bummeln und Stöbern ein.

Das Stöbern in den unzähligen Lädchen überlasse ich Ihnen selbst, denn ob der Vielfalt an Kuriosem und Schönem geht vielleicht das Augenmerk für Geschichte und Geschichten verloren – und die sind es allemal wert, erzählt zu werden.

Katholiken und Juden

Von der Balgebrückstraße aus führen Stufen hinab ins Schnoor-Viertel zu **St. Johann** 1. Die backsteinerne Hallenkirche ist der einzige im reinen hochgotischen Stil erhaltene Sakralbau Bremens. Ursprünglich Kirche eines Franziskanerklosters, was

Zeit zum Bummeln und Schauen, den Blick aufs Detail richten, auf die Häuschen, Lädchen – auch jenseits der Hauptgasse Schnoor wie hier in der schon lange nicht mehr Wüsten Stätte.

INFOS/ÖFFNUNGSZEITEN

www.schnoor-in-bremen.de
Propsteikirche St. Johann: Hohe Str. 2, tgl. 9–18.30 Uhr
Läden: im Allgemeinen Mo–Sa 11–18 Uhr, teils auch So

KULINARISCHES FÜR ZWISCHENDRIN

Gasthof zum Kaiser Friedrich 1: Lange Wieren 13, T 0421 32 64 29, www.kaiserfriedrich.de, Mo–Sa 12–23, Küche Mo–Do 12–15 (Fr/Sa bis 14.30), 18–22 Uhr, Gerichte 3,60–17,80 €. Bremisch deftig-rustikal, u. a. Treff manch Bremer Honoratioren.
Fast wie in Wien fühlt man sich im **Café Tölke 2** (Schnoor 23a, T 0421 32 43 30, tgl. 10–19.30 Uhr), wo österreichische Spezialitäten das Kaffee- und Kuchenangebot bestimmen.

Katzen-Café 3: Schnoor 38 (► S. 95)
Nicht nur um Tee dreht es sich im **Schnoor-Teestübchen 4** (Wüste Stätte 1, T 0421 32 38 67, www.wueste-staette.com, Mo–Fr 10.30–19, Sa 10.30–20, So 11–18 Uhr). Im Erdgeschoss befindet sich das zugehörige kleine **Restaurant,** in dem viel Wert gelegt wird auf Produkte aus regionalem und ökologischem Anbau (Küche Di–So 12–21.30 Uhr, Flammkuchen ab 8,90 €, Hauptgerichte 13,90–23,90 €). Vor allem norddeutsch – nicht griechisch – speist man hinter einer Rokokofassade (um 1700) im Gasthof **Kleiner Olymp 5** (Hinter der Holzpforte 20, T 0421 32 66 67, www.kleiner-olymp.de, tgl. ab 11, warme Küche bis 23 Uhr, Hauptgerichte 12–19,90 €), dessen Name auf den Film »Die Kinder des Olymp« (1943) verweist.

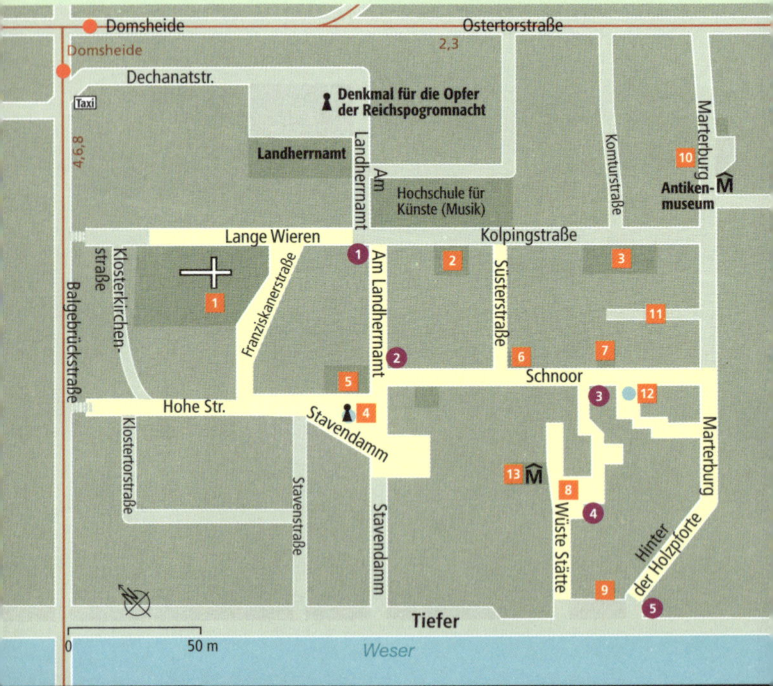

Cityplan: Karte 2, E/F 6 | **Tram** 2, 3, 4, 6, 8 Domsheide die schlichte Gestaltung erklärt, dient die 1689–1748 von den Hugenotten genutzte Kirche seit 1823 der katholischen Gemeinde als Gotteshaus.

Durch die Straße Lange Wieren (*wieren* = Draht), vorbei an dem Lädchen **Schnoorkrämerei & Schiffsproviant** gelangt man in die Kolpingstraße. Hier entstand im Jahr 2002 das katholische **Birgittenkloster** 2 (Nr. 1c), seit der Reformation der erste Schwesternkonvent in Bremen. Am Haus Kolpingstraße 4 (früher Gartenstr. 6) erinnert eine Gedenktafel an die **Synagoge** 3, die in der Reichspogromnacht 1938 geplündert und in Brand gesteckt wurde, wobei fünf Menschen den Tod fanden. Das zugehörige Rosenak-Haus wurde ebenfalls geplündert und zwangsarisiert. Zwar erhielt die Jüdische Gemeinde Bremen das Haus später zurück, musste es aber ebenso wie das Synagogengrundstück aus Geldmangel verkaufen.

Sinnesfreuden

Ecke Lange Wieren/Stavendamm findet sich in einem Haus aus der Zeit um 1630 (später mehrfach umgebaut) der traditionsreiche, nach dem 100-Tage-Kaiser Friedrich III. benannte **Gasthof zum Kaiser Friedrich** 1. Ein paar Schritte weiter, wo links die Gasse Schnoor beginnt, öffnet sich rechts ein kleiner Platz mit der Brunnenskulptur **»Die Badenden«** 4 von Jürgen Cominotto: Männlein und Weiblein fröhlich zum Bade vereint. Die Skulptur bezieht sich auf die hier einst ansässigen *staven* (beheizte Bäder) für die ›kleinen Leute‹. Doch sollen die Badestuben nicht nur Hort der Hygiene, sondern wohl auch und eher Stätte ›sittenlosen Treibens von Männern und Frauen‹ gewesen sein.

Einen Blick verdient das **Schifferhaus** 5 (Stavendamm 15) von 1630, ab 1919 bis Mitte des 20. Jh. ein Kolonialwarengeschäft, wo rund um die Uhr Proviant an die Schiffer verkauft wurde.

Wie Perlen an der Schnur

Ein Bummel durch die Gasse **Schnoor** selbst bedeutet erst recht hin- und hergerissen zu sein. Schaut man mehr auf die kleinen Häuser selbst, wie sie sich – wie Perlen an der Schnur – aneinanderschmiegen, schief und pittoresk – oder lässt man sich von den unzähligen Lädchen locken, stöbert und genießt?

Am **Café Tölke** 2 zweigt die Gasse Schnoor ab. Jenseits der Süsterstraße verdient der

Ü ÜBRIGENS

Am Rand des Schnoor-Viertels, Ecke Dechanatstraße/Am Landherrnamt, steht vor dem Landherrnamt das **Denkmal für die Opfer der Reichspogromnacht** – also ganz in der Nähe des Ortes, wo einst die Synagoge stand, an die nur eine schlichte Gedenktafel erinnert (s. links). Ab 1938 deportierten die Nazis Bremer Juden: in die Ghettos von Minsk und Riga, in die Konzentrationslager Auschwitz und Theresienstadt. Heute zählt die jüdische Gemeinde Bremens wieder um die 1000 Mitglieder – gut 300 weniger als bei der Machtübernahme 1933.

Häuschen im Schnoor

Schnoor 15 6 einen Blick. Das wohl älteste Haus im Viertel wurde 1512 über einem mittelalterlichen Kellergewölbe erbaut, die Fassade geht auf das Jahr 1600 zurück. Das Haus **Schnoor 9** 7 datiert von 1621. Es weist eine recht streng ausgeprägte Utlucht auf, die wie Sonnenuhr und Zierpforten aus dem 18. Jh. stammt. Gegenüber stehen die letzten innerstädtischen **Fachwerkhäuser** Bremens. Vermutlich aus dem 16. Jh. stammt das Haus mit Ladeluke am Giebel und zweigeschossigem Erker. Geht man hier, am Schnoor 38, durch ein **Renaissanceportal,** so tritt man in einen winzigen Gang und gelangt zum **Katzen-Café** 3 und zur **Wüsten Stätte** 8. Sie trägt ihren Namen, weil das Areal nach einem Brand 1659 lange unbebaut blieb.

Der Schnoor mündet auf die **Marterburg,** deren Name nichts mit Folter zu tun hat, sondern mit Matten, den Mehlsilos der Müller. Hier errichtete Thomas Klumpp **farbenfrohe, postmoderne Häuser** 10 – fast so schmal wie die originalen Schnoorhäuser. Über die bildschöne Gasse **Hinter der Balge** 11 gelangt man zurück in die Schnoor-Gasse. Schräg gegenüber steht vor dem Institut für niederdeutsche Sprache e. V. (Schnoor 41) der **Ottjen-Alldag-Brunnen** 12 von Klaus Homfeld. Er erinnert an Georg Droste (1866–1935) und dessen plattdeutschen Roman »Ottjen Alldag«, die Geschichte einer Kindheit in Bremen.

Ü ÜBRIGENS

»Segg mal, kannst mi nich'n halwen Groschen lenen, ick schrief dat in min Hauptbook in.« Hinter der Holzpforte wartet ein Bremer, besser: ein Schnoor-Original auf die Besucher, allerdings nur in Gestalt einer Bronzeskulptur. **Heini Holtenbeen** 9 (Jürgen Heinrich Keberle) war seit einem Sturz mit einem lahmen Bein geschlagen und auf einen Stock angewiesen, verdiente sich sein Geld durch kleine Handlangertätigkeiten und durch Almosen. Die wollte er als Darlehen verstanden wissen, behauptete er doch stets, sie dereinst zurückzuzahlen …

UM DIE ECKE

Auf dem Jakobsweg zu Bremer Geschichten gelangt man im **St.-Jacobus-Packhaus** 13, über dessen Eingang eine Statue des hl. Jakob darauf verweist, dass hier einst eine Herberge Pilgern auf dem Jakobsweg, der durch Bremen führt, Schutz gewährte. Heute birgt das älteste Lagerhaus der Altstadt das **Bremer Geschichtenhaus** (Wüste Stätte 10, T 0421 336 26 51, www.bremer-geschichtenhaus.de, Mo 12–18, Di–So 11–18 Uhr, letzte Führung 17 Uhr, 6,90 €, Kinder bis 6 Jahre Eintritt frei, 6–17 Jahre 2,90 €, Familie/max. 2 Erw., 5 Kinder bis 17 Jahre 12 €), wo es in die Vergangenheit Bremens geht: Von der Weser über die ›gute Stube‹ und die Pesthütte zu Kolonialwarenladen, Kaufmannskontor etc. – hier wird Geschichte lebendig, erzählt von Geschichtenerzählern.

Vom alten Hafen zur maritimen Meile – **die Schlachte**

#6

Hier trifft Tradition auf Moderne, treffen Businessmenschen und Medienleute auf Ausgehwütige. Bremen hat lange gebraucht, um die Lage an der Weser wieder für sich zu entdecken. Hier wurde der Beginn gemacht.

Ursprünglich war die Balge, dann die Schlachte Bremens Hafen. Im Mittelalter landeten Hansekoggen und später, als der Tiefgang der Weser aufgrund der Versandung nicht mehr ausreichte, Weserlastkähne zwischen Tiefer und Fangturm Waren an, die in den Packhäusern gestapelt wurden. In den Pack- und Kontorhäusern wickelten und wickeln teils noch heute Reeder und Kaufleute ihre Geschäfte ab. Doch daneben haben längst Lokale unterschiedlichster Couleur ihren Platz gefunden – und im Wasser liegen wieder Boote: Ausflugs-, Hotel-, Restaurant- und Eventschiffe.

Kaum kommt die Sonne hervor oder ist es auch nur ein bisschen wärmer, verlocken Schlachte und Weserpromenade dazu, es sich gut gehen zu lassen – und so oft ist in Bremen auch gar kein Schmuddelwetter.

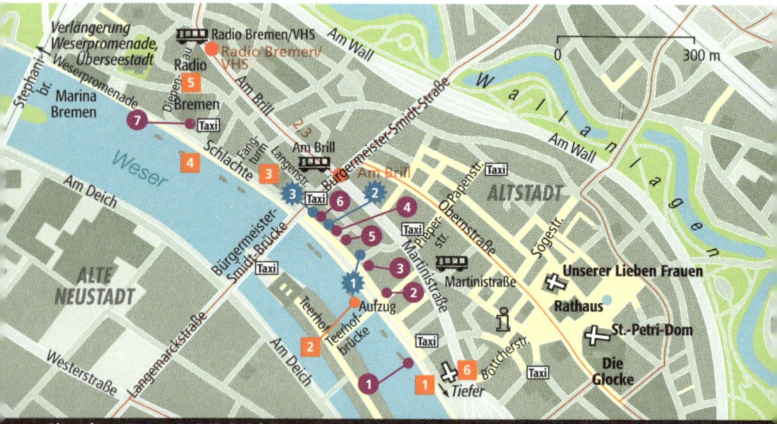

Cityplan: Karte 2, D/E 5/6 | **Tram** 1, 2, 3 Am Brill, 2, 3 Radio Bremen, **Bus** 25 Martinistraße, Am Brill, Radio Bremen

INFOS/ÖFFNUNGSZEITEN

www.schlachte.de: Infos zu Gastronomie und Schiffen – mit Karte, Weblinks
Schiffsfahrten: ► S. 111
Alexander von Humboldt 1: Martini-Anleger 1a, T 0421 38 03 96 99, http://alex-das-schiff.de, tgl. 11.30–22 Uhr, 8,50–19,90 €; ► S. 89
Nedeva 2: ► S. 89
St.-Martini-Kirche 6: T 0421 32 48 35, Mai–Okt. Mo–Sa 10.30–12.30, 14–16 Uhr, sonst n. V.
Von Mai bis September lockt an der Schlachte der **Kajenmarkt** (Sa 10–16 Uhr) mit Livemusik und ›Futterständen‹. In der Vorweihnachtszeit findet der **Schlachte-Zauber** statt, der etwas andere Weihnachtsmarkt.

ESSEN UND AUSGEHEN

Pannekoekschip 1: Schlachte-Anleger 1, T 0421 364 99 84, www.admiral-nelson.de, Mai–Sept., Dez. tgl. 12–mind. 21 Uhr, Okt.–Nov., Jan.–April Mi/Do, So 12–21, Fr/Sa bis 22 Uhr, 4,50–12,90 €
Luv 2: Schlachte 15–18, T 0421 165 55 99, www.restaurant-luv.de, Mo–Sa ab 11, So ab 10 Uhr, 8,90–37,90 €
feldmann's Bierhaus 3: Schlachte 19/20, T 0421 168 91 92, www.feldmanns-bierhaus.de, tgl. 11–24 Uhr (Fr/Sa länger), 5,90–15,50 €, auch Fingerfood
Paulaner's 4: Schlachte 30, T 0421 169 06 91, www.paulaners.de, tgl. ab 11 Uhr, open end, Küche bis 23/23.30 Uhr, 6,50–23,50 €
Enchilada 5: Schlachte 26, T 0421 168 54 00, www.enchilada.de, tgl. ab 17 Uhr, 9–17 €
Bodega del Puerto 6: Schlachte 31, T 0421 178 37 97, www.bodega-bremen.de, Sommer Di–Sa ab 12, Winter ab 17, So ab 10 Uhr (Brunch), 8,90–17,90 €. Große Tapasauswahl 1,80–4,80 €
Wohnküche im Weserhaus 7: Hinter der Mauer 5, T 0421 24 63 90 00, www.wohnkueche-bremen.de, Mo–Fr ab 11, Sa/So ab 10, Mittagstisch Mo–Fr 11.30–15, Abendkarte tgl. 18–22 Uhr. Ökologisch bewusst, 8,90–26,90 €
Red Rock 1: Schlachte 22, T 0421 178 36 05, www.redrock-bremen.de, Di–Do 16–1, Fr 16–3, Sa 12–3, So 12–1 Uhr
Kangaroo Island 2: Schlachte 30b, T 0421 168 95 95, www.kangarooisland.de, Mo–Fr ab 11, Sa/So ab 14, Winter tgl. ab 18 Uhr
Café & Bar Celona 3: Schlachte 32, T 0421 897 79 18, www.celona.de, So–Do 9–1, Fr/Sa bis 2 Uhr

Die Schlachte besteht aus zwei Ebenen. Das meiste Treiben findet ›oben‹ statt, entlang der Straße **Schlachte.** Auf der unteren Ebene, von der Straße Tiefer bis zum Rand der Überseestadt über 2 km als gepflasterte Weserpromenade ausgebaut, kann man entlang des Flusses spazieren, skaten oder radeln.

»Sail away, ...« – hoffentlich nicht mehr

Die meisten Besucher stoßen an St. Martini (▶ S. 44) vorbei zur Weser vor. Linker Hand, am **Martini-Anleger** 1, wo auch die **Fähre nach Bremerhaven** und die **Hafen-** bzw. **Weserrundfahrten** starten (▶ S. 111), liegt seit Sommer 2016 ein besonderes Schiff: Manch einer hat sie noch im Ohr, die Segelhymne von Joe Cocker, und im Auge die mit geblähten, grünen Segeln übers Meer gleitende **Alexander von Humboldt.** Nun hat sie als Hotel- und Restaurantschiff ihre neue, alte Heimat gefunden. 1906 als Feuerschiff von der AG Weser gebaut, später als Segeltrainingsschiff (und Werbeträger) unterwegs, liegt die Bark nun wieder in Bremen.

Am nächsten Anleger wartet der Nachbau einer Segelfregatte aus dem 18. Jh., das **Pannekoekschip Admiral Nelson** 1, auf Gäste.

Sweet Dreams

Ab der Teerhofbrücke (Aufzug zur Promenade) reihen sich die Lokale. Doch hier liegen auch zwei Boote, auf denen man nächtigen kann (s. Schlafen an Bord, ▶ S. 89), darunter als kleine, feine Besonderheit die Yacht **Nedeva** 2. Sie wurde 1930 für Eduard Townsend Stotesbury, einen New Yorker Banker, und dessen zweite Ehefrau Eva erbaut. Mrs. Stotesbury, in den Zwanziger- und Dreißigerjahren Stern der High Society, richtete in ihren Anwesen prächtige Events aus – und lud Gäste zu Diner Cruises auf diese Yacht ein.

Die Ausgehmeile

Gerade bei schönem Wetter wird es an der Schlachte voll. Alle Lokale haben vor der Tür Tische und Stühle stehen, viele betreiben zusätzlich jenseits der Straße entlang der alten Kaimauer ab dem Frühjahr **Biergärten.** Von dort lässt sich bei Bier oder anderen Getränken der Blick über die Weser genießen.

Ü ÜBRIGENS

Nein, hier wurde nicht geschlachtet. Der Name **Schlachte** hat nichts mit dem Schlachten von Tieren zu tun, sondern leitet sich von *slaits* ab, ins Wasser gerammten Pfählen zur Uferbefestigung.

Doppelt und dreifach abgekupfert – die Admiral Nelson ist ein originalgetreuer Nachbau des Dreimasters Picton Sea Eagle, einst ein englischer Fischtrawler, der seinerseits Ende der 1980er-Jahre, natürlich originalgetreu, in eine spanische Galeone des 18. Jh. verwandelt wurde und im walisischen Swansea als Restaurantschiff endete.

Als Erstes lockt das **Luv** 2 mit edlem Ambiente und großer Auswahl von Salaten über Pasta oder Burger (auch vegetarisch) bis zu Edelfisch. Rustikaler sind, wie sollte es anders sein, die Bierhäuser **feldmann's** 3 mit Haake Beck oder **Paulaner's** 4 mit Paulaner im Ausschank und deftiger Küche. Bierfreunde kommen auch im **Red Rock** 1 (über 50 Sorten) auf ihre Kosten. Lieber mexikanisch? – dann auf ins **Enchilada** 5, **Kangaroo Island** 2 hingegen ist eine Australian Bar. Tapas und mehr verheißt die beliebte **Bodega del Puerto** 6, während **Café & Bar Celona** 3 bereits ab 9 Uhr und bis in die Nacht locken.

»Ein Leben ohne Mops ist möglich, …«

Jenseits der Bürgermeister-Smidt-Straße wird es ruhiger. Vorbei am Designhotel **ÜberFluss** 3, bei dessen Bau man eines der ältesten Stücke der Stadtmauer fand, und der **Jugendherberge,** auf deren Boot **Die Weser** 4 (Nachbau eines historischen Raddampfers) man nächtigen kann (s. Schlafen an Bord, ► S. 89), erreicht man die **Wohnküche im Weserhaus** 7. Hier finden auch Live-Cooking-Events statt und werden Sendungen von Radio Bremen aufgenommen, etwa die Talkrunde »3 nach 9«. Bei Radio Bremen produzierte Vicco von Bülow, **Loriot,** seine berühmte sechsteilige Sketchserie »Loriot« (1976–78). In der Diepenau erinnert eine Bronzereplik seines berühmten grünen **Sofas** 5 – mit Mops – an den großen Humoristen. Sitzen erlaubt.

UM DIE ECKE

St. Martini 6 – eine Ziegelsteinkirche, um 1230 entstanden, augenfällig von außen der wuchtige Turm mit achtkantigem Helm, innen noch erhalten die Kanzel von 1597, der Orgelprospekt von 1603 und an der Ostwand des Südschiffs das Portal aus dem Jahr 1597. Die Chorfenster zeigen im Nordschiff das Leben des hl. Martin und im Südschiff **Joachim Neander** (1650–80) mit Kindern (s. Übrigens), der hier wirkte und im angrenzenden Neanderhaus lebte. Im selben Haus lebte von Mitte 1838 bis Frühjahr 1841 auch **Friedrich Engels,** während er, dem Wunsch seines Vaters entsprechend, in Bremen eine Lehre zum Großhandelskaufmann absolvierte.

Ü ÜBRIGENS

Neander? Neandertal? Lobe den Herren? Was hat das mit Bremen zu tun? **Joachim Neander** (geb. 1650 in Bremen, gest. 1680 ebenda) war ein deutscher Pastor, ein Kirchenliederdichter und -komponist, der einige Jahre in Düsseldorf arbeitete. In dieser Zeit zog er sich zum Komponieren oder auch Predigen gern in eine Schlucht des kleinen Flusses Düssel zurück – und so trägt dieses Tal heute ihm zu Ehren seinen Namen … 1679 kehrte Neander nach Bremen zurück, an die Kirche **St. Martini** und komponierte hier den allseits bekannten Choral »Lobe den Herren«. Neander sollte nur ein knappes Jahr in seiner Heimatstadt wirken – er verstarb im Alter von 29 oder 30 Jahren. Woran? Vielleicht an der Pest. Seine Grabstätte? Unbekannt, vielleicht an oder unter St. Martini.

Im Umbruch – **Weserinsel und Neustadt**

#7

Die Weserinsel ist grün, auf der Weserinsel wird (teuer) gebaut, Teile der Neustadt werden allmählich zum neuen ›Viertel‹, wo Wohnraum noch erschwinglich ist, das Leben ist bunt und multikulti.

Die Bremer Neustadt entwickelte sich aus einer Befestigungsanlage des Dreißigjährigen Krieges. Ab 1642 siedelten hier vor allem Angehörige der ärmeren Schichten. Im 18. Jh. besaßen Bewohner der Altstadt Gärten am Deich und genossen Spaziergänge entlang der Weser. Zu den Berufsgruppen, die hier ansässig waren, gehörten Zigarrenmacher und Bierbrauer. Wer heute vom Teerhof aus über die Weserinsel die Neustadt besucht, trifft auf Spuren dieser Traditionen ebenso wie auf eine junge Kultur- und Kunstszene.

Höhe Deichschart führt eine kleine Brücke von der Neustadt hinüber auf die Weserinsel – beliebt bei Spaziergängern, Joggern, Skatern – und weit zum Strand ist es hier auch nicht.

Von Werft und Kaffeelager zu Wohnen und Kunst

Der Name **Teerhof** erinnert daran, dass hier im Mittelalter Schiffe gebaut, deren Fugen mit Teer abgedicht wurden. Später entstand auf dem Areal

INFOS/ÖFFNUNGSZEITEN

Weserburg – Museum für moderne Kunst 1: ▸ S. 79.

GAK – Gesellschaft für Aktuelle Kunst 2: Teerhof 21, T 0421 59 33 37, www.gak-bremen.de, Di–So 11–18,Do bis 20 Uhr, 3/2 €, Familien 6 €

Olbers-Planetarium: ▸ S. 82.

Städtische Galerie 8: Buntentorsteinweg 112, T 0421 361 58 26, Do–So 12–18 Uhr, Eintritt frei

Glasmanufaktur Borgardt 1: Buntentorsteinweg 252, www.glasmanufaktur.de Di 10–14, Mi/Do 10–18 Uhr

KULINARISCHES FÜR ZWISCHENDRIN

Saisonal-regional-nachhaltig und ein wenig crossover, so isst man beim **filosoof im Sudhaus** 1 (Buntentorsteinweg 120, T 0421 338 35 45, www.filosoofimsudhaus.de, Mi–So 11–2 Uhr, 12,50–22,50 €, Mittagstisch Mi–Sa 12–14 Uhr), dazu Craft-Biere und Wein. Gedämpfte Jazz-, ab und an Livemusik.

NACHHALTIG UND FAIR – ESSEN UND KULTUR

Im **Kukoon** 2 (Buntentorsteinweg 29, T 0421 68 49 67 89, www.kukoon.de, Di–Fr 12–21.30, Sa 14–21.20, So 12–18 Uhr) sind Preise nicht fix, richten sich nach dem Geldbeutel des Gastes. Mit dem Huckepack-Paket kann man einem anderen z. B. ein Getränk oder eine Suppe spendieren. Selbst gemachtes Eis, selbst gebackener Kuchen und kleine Speisen – aus biologisch-nachhaltigen Zutaten. Mittags ist immer ein veganer Mittagstisch im Angebot. Lesungen und andere Kulturveranstaltungen.

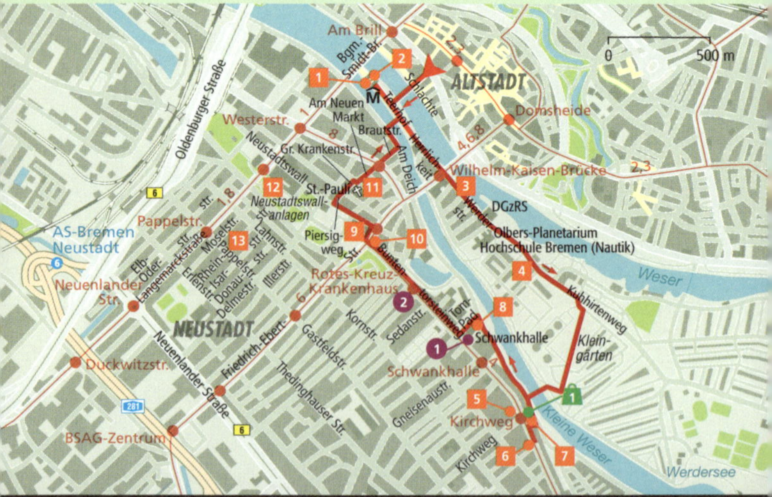

Cityplan: E/F 5/6 | **Tram** 1, 2, 3 Am Brill (für Gesamttour), 4 Kirchweg (für Neustadt/Buntentorsteinweg), 8 Pappelstraße (für Flüsseviertel)

eine Speicherstadt, die im Krieg weitgehend zerstört wurde. Die geschlossene Wohnbebauung, bemüht, den Charakter der einstigen Speicherstadt aufzugreifen, wirkt leider recht unterkühlt und vermag kein Flair zu vermitteln. Doch von der nördlichen Seite bietet sich ein schöner Blick über die Weser auf die Bremer Altstadt mit Schlachte, Martinikirche und den Spitzen des Doms.

Vier alte Speicher, frühere Kaffeelager, wurden saniert und beherbergen seit 1991 die **Weserburg – Museum für moderne Kunst** 1 und gegenüber die **GAK – Gesellschaft für Aktuelle Kunst** 2.

Bremen und das Wasser

Auf der Altstadtseite führt die Straße Herrlichkeit unter der Wilhelm-Kaisen-Brücke hindurch und mündet in die Werderstraße. Hier steht zur Weser hin das **Denkmal für Ludwig Franzius** 3 (1832–1903). Es erinnert an den Wasserbauingenieur, der die Weserkorrektion durchführte, mit der die Fließgeschwindigkeit des Wassers erhöht wurde, um eine Versandung zu verhindern. Auf die Bedeutung, die dem Wasser in Bremen zugemessen wird, verweist auch, dass die **Deutsche Gesellschaft zur Rettung Schiffbrüchiger** (DGzRS) und die **Hochschule für Nautik** (Teil der Hochschule Bremen) mit dem **Olbers-Planetarium** hier ihren Sitz haben.

An neuer Wohnbebauung vorbei erreicht man die **›Umgedrehte Kommode‹** 4. Der gedrungene Bau, von kurzen Türmchen überragt, ist der älteste Wasserturm (1873) der Stadt (außer Betrieb).

Zur Neustadt

Wo die Werderstraße in den Kuhhirtenweg übergeht, hält man sich rechts und gelangt, quer durch **Kleingärten,** auf die andere Seite der Weserinsel. Dort führt eine Fußgängerbrücke über die **Kleine Weser** an das Neustadt-Ufer. Hier geht man hinunter zum Buntentorsteinweg und nach links.

Zigarrenmacher, Bierbrauer und noch mehr Kunst

Höhe Kirchweg erinnert eine **Skulptur** 5 an die Tradition der **Zigarrenmacher.** Wer erahnen möchte, wie diese früher in einfachsten Verhältnissen lebten, sollte – mit Zurückhaltung – einen Blick in den **Dunkakshof** 6 mit seinen winzigen Reihenhäusern werfen.

E
EISWETTE

Wasser kann gefährlich sein, das wissen wir alle – und auf hoher See erst! Wenn ein Schiff kentert oder leckschlägt, schlägt die Stunde der Seenotretter. Sie rücken aus und versuchen zu retten, was zu retten ist. Geht's dabei um Menschenleben tun sie das kostenlos, kostenlos für den/die Geretteten. Aber natürlich kostet es – und das wird allein aus Spendenmitteln finanziert. In Bremen tut sich da, als Pendant zum Schaffermahl, die Bremer Eiswette hervor. Bei ihrem alljährlichen Stiftungsfest kommen ebenfalls mehrere Hunderttausend Euro an Spendengeldern zusammen – und gehen an die DGzRS.

An die Zigarrenmacher erinnert am Buntentorsteinweg ein Denkmal von Holger Voigts – der karge Betonsockel ist beliebte Plattform für andere ›Künstler‹.

Nun heißt es umkehren und durch den **Deichschart** 7 (ein verschließbarer Deichdurchbruch) noch einmal zurück auf den Weserdeich, bis der Tom-Pad zur **Städtischen Galerie** 8 führt. Sie nutzt ein Gebäude der ehemaligen Remmer-Brauerei und zeigt wechselnde Ausstellungen moderner Kunst. Direkt am Buntentorsteinweg erinnert das Restaurant und Café **filosoof im Sudhaus** 1 ebenfalls an die alte Brauerei.

Von hier geht es rechts den Buntentorsteinweg hoch bis zum **Theater am Leibnizplatz** 9**,** der Spielstätte der Bremer Shakespeare Company. Passend dazu steht mitten im Verkehrsgewühl des Platzes die Skulptur **»Der Gaukler«** 10 des in Worpswede lebenden Bildhauers Christoph Fischer.

Ein kleiner Roland

Über den Neustadtswall, dem Verlauf der ehemaligen Stadtbefestigung ein Stück folgend, dann über Piersigweg und Große Krankenstraße geht es zum **Neuen Markt** – einst Pferde- und Schweinemarkt. Von den alten Gasthöfen der Fuhrleute ist nichts mehr erhalten, doch eine Besonderheit gibt es: den **Kleinen Roland** 11 von 1737.

Durch die Brautstraße und die Straße Am Deich geht es über eine Fußgängerbrücke, Teerhof und Teerhofbrücke zurück zur Schlachte.

UM DIE ECKE

Bei Interesse an Glaskunst: Etwa Höhe Kirchweg liegt die **Glasmanufaktur** 1 von Irene Borgardt.

Wer ein wenig Grün schnuppern und ein ruhiges Wohnviertel mit kleinen Altbremer Häusern erkunden möchte, dem sei der Weg durch die **Neustadtswallanlagen** 12 hinüber ins **Flüsseviertel** 13 empfohlen. Die kleinen, alle nach Flüssen benannten Straßen gehen links und rechts von der Pappelstraße ab.

Ü
ÜBRIGENS

Der Reichspräsident war Kneipenwirt – in der Verlängerung des Neuen Marktes Richtung Weser, an der Ecke Braut-/Westerstraße stand früher die **Gaststätte Zur guten Hilfe.** Die übernahm 1894 für gewisse Zeit ein später berühmter Mann: der gelernte Sattler, Gewerkschaftler, SPD-Bürgerschaftsabgeordnete (1899–1905) und spätere Reichspräsident (1919–25) der Weimarer Republik Friedrich Ebert.

Wandel eines Hafenviertels – **die Überseestadt**

#8

Bremen nimmt die Überseestadt, den ehemaligen Freihafen, neu in Besitz. Durch Sanierung und Umnutzung, durch Neubauten und noch in Funktion befindliche Hafen- und Verarbeitungsanlagen ist hier bereits jetzt eine spannende Mischung entstanden.

Der Bereich der heutigen Überseestadt entstand 1888–1917. Man korrigierte und vertiefte die Weser und legte Hafenbecken an. Dazu kamen Schuppen für Zwischenlagerung und Sortierung, Speicher, Bahn- und Straßenanbindung. Nach dem Zweiten Weltkrieg wiederaufgebaut, begann dann mit der Containerschifffahrt der Niedergang des innerbremischen Hafenareals.

Aus alt mach neu – in der Überseestadt entsteht neben den noch in Betrieb befindlichen Hafenanlagen ein modernes Quartier mit Büros und Wohnungen, Galerien und Schauräumen, Läden und Lokalen.

Cityplan: A–D 1–5 | **Tram** 3 Eduard-Schopf-Allee, Europahafen, Konsul-Smidt-Straße, Waller Ring, **Bus** 26 Speicher 1, Schuppen 1, Speicher XI, Silbermannstraße

INFOS/ÖFFNUNGSZEITEN

www.ueberseestadt-bremen.de: Infos rund um das Viertel im Werden.
Koch & Bergfeld Silbermanufaktur 5: Hoerneckestr. 33–37, Schuppen 2, T 0421 559 06 70, www.kb-corpus.com, Mo–Fr 10–16, Sa 11–14 Uhr
Art Docks 7: Schuppen 1, Konsul-Smidt-Str. 22, www.artdocks.de, Ausstellungen Do/Fr 15–18, Sa/So 11–17 Uhr
Zentrum für Automobilkultur und Mobilität 7: Schuppen 1, Konsul-Smidt-Str. 20–26, www.schuppeneins.de, Mo–Fr 8–19, Sa 10–20, So 10–18 Uhr, Läden und Werkstätten abweichend (s. weiterführende Links auf der Website)
Hafenmuseum, Infocenter Überseestadt 10: Am Speicher XI 1, T 0421 303 82 79, www.hafenmuseum-speicherelf.de, Bus 20 Speicher XI, Tram 3 Waller Ring, Di–So 11–18 Uhr, Hafenmuseum 5/2,50 €, Kinder bis 7 Jahre Eintritt frei, Familien (2 Erw. und Kinder bis 14 Jahre) 10,50 €, Infocenter Eintritt frei
Lloyd Caffee 12: Fabrikenufer 115, Gebäude 42, T 0421 38 33 22 11, www.lloyd-caffee.de, Tram 3 Jadestraße, dann zu Fuß (s. Website), Café Mo–Fr 8.30–17, Sa/So 11–17 Uhr, Kaffeeseminar Mo 11, 1. Fr/Monat 15, 1. So/Monat 15.30 Uhr, Dauer 90–120 Min., 10 €/Pers. inkl. Röstvorführung, Kaffeeverkostung

KULINARISCHES FÜR ZWISCHENDRIN

Im relaxten, kleinen **Jaya** 1 (Port IV, Konsul-Smidt-Str. 8R, T 0421 64 91 90 66, www.jaya-food.de, Mo–Mi 11–18, Do/Fr ab 11, Sa ab 12 Uhr, open end) gibt's Asian Street Food und manchmal Ceylon Nights. Den Kontrapunkt setzt **Al-Dar** 2 (Schuppen 1, Konsul-Smidt-Str. 26, T 0421 69 68 63 00, www.aldar.de, Mo–Sa 11.30–23 Uhr) mit dezent-elegantem syrischen Ambiente, das den Charakter des alten Schuppens einbezieht. Große Auswahl an Mazza (Vorspeisen). Vor allem apart marinierte, gegrillte Fleischgerichte, auch vegane Speisen, 13,50–17,50 €. Auf der Terrasse des italienischen Lokals **Feuerwache** 3 (Waller Stieg 5, T 0421 338 68 00, www.restaurant-feuerwache.de, Tram 3 Waller Ring, Bus 20 Speicher XI, Mo–Fr 11.30–22.30, Sa 17–22.30, So 10–22.30 Uhr, Gerichte 8–19 €, Mittagstisch Mo–Fr 11.30–15, 6,50–8 €, So 10–14 Uhr Brunch, 19,80 € (Fei: 24,50 €) erleben Sie mit Blick auf Holz- und Fabrikenhafen authentische Hafenatmosphäre. Auch drinnen ist es interessant: In die hohe Halle mussten früher die Feuerwehrautos rein, riesige, halbkugelige Lampen greifen die Garagenatmosphäre auf. Ein spannender Mix aus Hafenromantik, Business-, Medien- und Kunstszene und das bei leckerem Essen. Beliebt ist die Steinofen-Pizza.

Die Stadt erstellte einen Masterplan für ein ca. 300 ha großes Gelände, der primär Abriss und Neubauten vorsah. In diesem Kontext steht die Zuschüttung des Überseehafens und die Verlagerung des Großmarkts vor den Speicher XI. Ab 2001 wurde der Plan jedoch überarbeitet, mehr historische Industrie- (Hafen-) Bausubstanz soll erhalten bleiben. Heute erfreuen sich Flächen in sanierten Bauten und die Lage am Wasser großer Nachfrage, hinzu kommt, dass das Areal durch die Fortführung der Straßenbahnlinie 3 an die City herangerückt ist. Allerdings muss der Besucher der Überseestadt noch immer Brachland passieren, wobei die Zeichen für eine weitere positive Entwicklung in der Kombination aus Arbeiten, Wohnen, Shoppen, Gastronomie und Kultur jedoch gut stehen.

Auf in die Überseestadt

Direkt hinter der Stephanibrücke liegt das neue Weser Quartier mit dem **Weser Tower** 1, dem 82 m hohen gläsernen Büroturm des US-amerikanischen Architekten Helmut Jahn. Zum Konzept gehört Fassaden-Lichtkunst von Yann Kersalé (Paris). Östlich sind ein Steigenberger Hotel und das GOP Varieté-Theater entstanden. Beim **Kaffee Quartier** 2 landeinwärts handelt es sich um das Ex-Eduscho-Gebäude und die frühere Rösterei.

Am Beginn der Überseestadt überragt der Weser Tower das GOP-Theater und das angeschlossene Steigenberger Hotel – abends durchaus ein Eyecatcher, auch wenn der Tower dem Bremer Denkmalpfleger zu nah an der gewachsenen Bebauung der Bremer Innenstadt, respektive des Stephaniviertels steht.

Am alten Europahafen

Am Europahafen verbinden sich Alt und Neu, der ›Uferbereich‹ wurde zur Promenade umgestaltet. Im alten Hafenbecken ist eine neue Marina, auch mit Gastliegeplätzen, entstanden.

Der sanierte **Speicher I** 3 birgt Gewerbe- und Einzelhandelsbetriebe und eine Eventlocation. Rückwärtig, direkt am Wasser gelegen, sind unterschiedlich gestaltete, großenteils kubusförmige moderne Bauten, die **Ports** 4, entstanden. Hier finden sich auch kleine Läden und Restaurants. Im sanierten **Schuppen 2** 5 ist die **Silbermanufaktur Koch & Bergfeld Corpus** (Showroom/ Gläserne Manufaktur) zu erwähnen, die Tafelsilber, Trinkgefäße, aber auch DFB-, Uefa-Pokal und Goldene Kamera fertigt. Die Gestalt des neuen **Kranhauses** 6 nebenan greift die Form der großen Hafen-Hebekräne auf.

Der 400 m lange **Schuppen 1** 7 birgt u. a. Restaurants (z. B. Al-Dar), die **Galerie Art Docks** und

Die Laderampe gewährt heute jedermann Zugang zu den Läden und Locations im Speicher I.

das **Zentrum für Automobilkultur und Mobilität.** Hier kann man Oldtimer sehen und bei ihrer Reparatur oder Restaurierung zuschauen.

Weser Ufer und Hafenkante

Das Weser Ufer ist weiten Teils bereits mit neuen Wohn- und Bürokomplexen bebaut, darunter der **Landmark Tower** 8. Hinter Tower und Großmarkt entsteht derzeit ein weiteres Wohn- und Büroquartier, die Hafenkante, wo auch Parkanlagen, vielleicht ein Strand, geplant sind. Hier ist die sogenannte **Überseepromenade** im Werden. Seit 1926 weist der **Molenturm** 9 als Leuchtfeuer Schiffen die Einfahrt in die Hafenbecken.

Wo der Startschuss fiel

Schon 2000/01 sanierte ein Privatinvestor den **Speicher XI** 10 – mitursächlich für das Umdenken der Stadtplaner. Der 400 m lange, viergeschossige Speicher von 1910–12 ist Sitz der **Hochschule für Künste,** des **Hafenmuseums** und des **Infocenters Überseestadt.** Das Museum widmet sich der Geschichte des Hafens und seiner Menschen vom 19. bis ins 21. Jh. In Raum III ist ein projiziertes Bild des Hafens begehbar, ein Modell zeigt die alte Speicheranlage. Monitore zeigen das Gestern, Heute und Morgen des Hafens. Das Infocenter gibt multimedial weitere Einblicke in Geschichte und Zukunft des Hafenviertels.

Ü

ÜBRIGENS

Es war einmal ... ein Plan: Im Bereich Industriehafen sollte ein Space Park entstehen, angekündigt als Science Center für Raumfahrt zum Anfassen und kombiniert mit einer Shoppingmall. Was kam: eine mit großem Brimborium eingeweihte, sagen wir mal, Star-Trek-Hommage. Immerhin mit einer ausrangierten Ariane 5 vor der Tür, aber ohne Mall. Das Projekt scheiterte – Star Trek zog nicht: Eintrittspreise zu hoch, Attraktionen zu unattraktiv. Und so wurden sie zurückgebaut. Schließlich hob auch die Ariane ab bzw. wurde wieder eingemottet. Doch immerhin wurde mit der **Waterfront Bremen** (🕮 A 1, ► S. 98) eine Mall eröffnet. Das ist's, was von allem übrig blieb.

→ UM DIE ECKE

Im **Holz- und Fabrikenhafen,** dem südlichsten Seehafen Deutschlands, sind noch Unternehmen aktiv, wie die Mehl produzierende **Roland-Mühle** 11. Von der Terrasse der (Alten) **Feuerwache** 3, in der sich ein hipper Italiener etabliert hat, kann man Schiffe beim Löschen oder Laden von Gütern beobachten. Am **HAG-Gebäude** 12 (1906/07), das wie das angrenzende **Kaba-Werk** saniert wird, ist man mitten im Hafengeschehen. Das HAG-Gebäude gilt als Vorbild moderner Industriearchitektur. 1914 entstand hier im Zuge einer Erweiterung der prachtvolle, weiße Marmorsaal. Heute ist er im Rahmen eines Kaffeeseminars der **Lloyd Caffee** zu besichtigen. Quasi nebenan röstet Lloyd Caffee in seinem Verkaufsraum-Café Kaffee.

Wieder aufgebaut – **Kaufmannshäuser in der City**

9

Nicht ›auf Sand gebaut‹, sondern steingewordene und doch lebendige Tradition, das sind die alten Kaufmannsbauten. Hier wurde – und wird – geplant, geordert, verkauft und fakturiert.

Die **Langenstraße** ist eine der ältesten Straßen Bremens, im 13. Jh. war sie auch die längste. Hier errichteten Kaufleute ihre Kontorhäuser. Sie beginnt mit dem **Kontorhaus am Markt** 1 (Langenstr. 2–4) von 1910–12. In und vor der **Stadtwaage** 2, von Lüder von Bentheim 1586–88 im Weserrenaissance-Stil aus Backstein mit Sandsteinverzierungen erbaut, wurden noch bis 1877 Waren gewogen.

Nicht alles Essig

Beim Sitz der Deutschen Factoring Bank (Nr. 15–21) handelt es sich um das ehemalige **Esich-Haus** 3 bzw. Essighaus. Esich, weil das Patrizier-

Vor dem früheren Festhaus der Gewandschneider und Tuchmacher erinnert nur noch die Ansgar-Säule (1965, Kurt-Wolf von Borries) an die im Krieg zerstörte Kirche St. Ansgarii – und an den Apostel des Nordens, (Erz-)Bischof Ansgar.

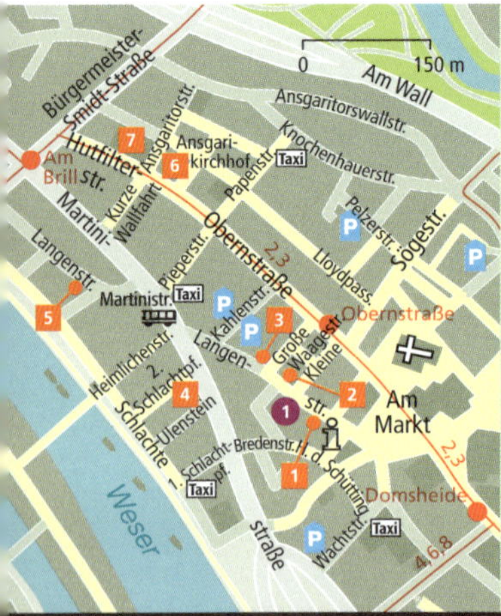

KULINARISCHES FÜR ZWISCHENDRIN

Urban Street Kitchen heißt es bei **Jackie Su** ❶ (Langenstr. 10–12, T 0421 56 51 85 36, www.jackiesu-bremen.de, Mo–Sa 12–22 Uhr, 6,20–11,50 €). Das Motto ›städtische Straßenküche‹ passt. In einem entkernten Laden, puristischst gestaltet, wird aus frischen Produkten südostasiatisch-kreative Küche gezaubert. Angeboten wird eine feine Auswahl an Salaten, Suppen, Vegetarischem, Currys etc. Prima für einen leichten Lunch. Jackie Su ist beliebt, daher kann ein freier Platz schon mal Mangelware sein. Das Publikum ist bunt gemischt: Hier kehren Shopper ebenso ein wie Szene- oder Businessleute.

Cityplan: Karte 2, E 5/6 | **Tram** 2, 3 Obernstraße, **Bus** 25 Martinistraße

haus 1618 von der Kaufmannsfamilie Esich errichtet, Essig, weil hier im 19. Jh. Essig hergestellt wurde. Beim Neuaufbau in den 1950er-Jahren wurden nur die auf dem Boden aufsitzenden Erker (Utlucht) und das Portal rekonstruiert.

In der Martinistraße 26 steht das **Hansahaus** 4, 1912–15 für die Deutsche Dampfschifffahrts-Gesellschaft Hansa (Bremen 1881–1980) entstanden und heute Sitz der Handelskrankenkasse. Beim Bau integrierte man die Giebel der zuvor hier stehenden Bürgerhäuser (links von 1580, rechts von 1639).

Das Haus **Suding & Söken** 5 (Langenstr. 28) wurde 1901 von dem Farben-und-Lacke-Unternehmen erworben. Erbaut wurde es 1620 mit Ornamenten der Zeit (Knorpelwerk) und 1730 mit Utluchten und Dielen umgestaltet. Ein Blick in dieses letzte Bremer Kaufmannshaus mit barocker Handelsdiele lohnt wegen des schönen Holztreppengeländers.

Über die Kurze Wallfahrt erreicht man den **Ansgarikirchhof.** Der Name erinnert, wie die **Ansgar-Säule** 6, an Verschwundenes: an Friedhof und Kirche St. Ansgarii. Wieder aufgebaut wurde mit Doppelgiebel unter Verwendung alter Bauteile das **Gewerbehaus** 7 (Ansgaritorstr.), einst das Amts- und Festhaus der Gewandschneider- und Tuchmachergilde (1618/19–21). Der Südgiebel stammt von einem Haus in der Langenstraße. Der Bau besticht mit seinem figurengeschmückten Mittelportal und üppigem Renaissancedekor.

Kulturmeile – **Kunsthalle Bremen und mehr**

10

Hier treffen Sie auf Künstler und Künstlerinnen wie Dürer, van Gogh, Paula Modersohn-Becker oder John Cage, den Designer Wagenfeld und den Bildhauer Marcks, aber auch auf die Erinnerung an unter unwürdigen Bedingungen aus unterschiedlichsten Gründen Inhaftierte.

1823 gründeten Bremer Bürger den Bremer Kunstverein, bis heute privater Träger des Museums, der 1847–49 die **Kunsthalle Bremen** 1 nach Plänen von Lüder Rutenberg erbauen ließ. Nach umfangreicher Erweiterung und Modernisierung (bis 2011) flankieren heute zwei kompakte, sechsgeschossige Baukörper den klassizistischen Altbau.

Am Ende der Kulturmeile verspricht das Theater am Goetheplatz nicht nur Kulturgenuss – das Theatro mit seinen Außenplätzen ist ein beliebter Treff der Szene.

INFOS/ÖFFNUNGSZEITEN

Kunsthalle Bremen 1: Am Wall 207, T 0421 32 90 80, www.kunsthalle-bremen.de, Di 10–21, Mi–So 10–17 Uhr, 9€, 6–21 Jahre 3,50 €, bis 5 Jahre frei, Familienkarte (2 Erw., bis zu 4 Kinder) 18 €

Gerhard-Marcks-Haus 2: Am Wall 208, T 0421 32 72 00, www.marcks.de, Di/Mi, Fr–So 10–18, Do 10–21 Uhr, 5/3,50/2 €, 1. Do/Monat Eintritt frei

Wilhelm-Wagenfeld-Haus 3: Am Wall 209, T 0421 338 81 16, www.wwh-bremen.de, Di 15–21, Mi–So 10–18 Uhr, nur bei Ausstellungen, 3,50/1,50 €, Familienkarte (2 Erw., bis zu 4 Kinder) 9 €

Dokumentationsstätte Gefangenenhaus Ostertorwache 3: Am Wall 209, www.erinnernfuerdiezukunft.de, Staatsarchiv T 0421 361 62 21, 1. Sa/Monat 11–16 Uhr und n. V., Eintritt frei

KULINARISCHES FÜR ZWISCHENDRIN

Im und vor dem Theater verleitet das **Theatro** 1 zum Verweilen (Goetheplatz 1–3, T 0421 32 60 80, www.theatro.de, Mo–Sa 9–4, So 10–1, So Brunch 10–14 Uhr, 24,50 €, reservieren, Hauptgerichte 13,40–18,90 €, Snacks 5,50–11,20 €, Pasta/Pizza ab 8,90 €, große Tapasauswahl 4,20–6,90 €, Mittagstisch Mo–Fr 8,20–8,90 €). An der Bar, auf der Terrasse, im lockeren Bistro-ähnlichen oder leger-eleganterem Restauranttrakt treffen sich Business-, Szene- und Theaterleute gern zu einem Drink.

Cityplan: Karte 2, F 6 | **Tram** 2, 3, 4, 6, 8 Domsheide, 2, 3 Theater am Goetheplatz

Am Anfang war das Kupferstichkabinett

Die Geschichte der Sammlung ist von Schenkungen und Stiftungen geprägt. Den Anfang machte das leider im Zweiten Weltkrieg teils vernichtete druckgrafische Werk Albrecht Dürers, darunter das nahezu komplette druckgrafische Werk aus der Sammlung Senator Klugkists (1778–1851). Es bildete den Grundstock für das **Kupferstichkabinett** (heutiger Bestand: über 200 000 Blätter). Einen weiteren Schwerpunkt bilden die **Alten Meister** mit Werken von Lucas Cranach dem Älteren, Caspar David Friedrich und niederländischen Meistern.

Von Paula via Mohnfeld zur Moderne

Im Zentrum der Gemäldesammlung steht die **französische und deutsche Kunst des 19. und 20. Jh.** So finden sich Werke der Künstlerkolonie Worpswede, etwa Paula Modersohn-Beckers

»Stillleben mit Früchten«, die »Camille« von Monet, Werke von Renoir, Liebermann, Beckmann (Druckgrafiken!), Picasso, den Brücke-Malern usw. Ein Highlight bildet Van Goghs **»Das Mohnfeld«,** dessen Ankauf durch Gustav Pauli, damals Direktor der Kunsthalle, 1911 deutschlandweit einen Kunststreit auslöste, den die Verfechter der modernen Malerei gewannen.

Audio, Video und Licht – Neue Medien

Ganz getreu ihrer Tradition, insbesondere aktuelle Kunst zu sammeln, zeigt die Kunsthalle **Ton-, Video- und Lichtinstallationen** internationaler und deutscher Künstler wie Otto Piene und John Cage. Nicht fehlen darf auch Nam June Paik.

Die Ostertorwachen heute

›Stadtauswärts‹ erblickt man rechts und links je einen weißen klassizistischen Säulenbau – die beiden ehemaligen **Torhäuser der Ostertorwache** (1825–28). Abends wurde hier, obwohl es keine Stadtmauer mehr gab, noch der Zugang zur Stadt verschlossen. Im heutigen Bildhauermuseum **Gerhard-Marcks-Haus** 2 musste damals Zoll entrichtet werden. Gerhard Marcks (1889–1981), der u. a. die Bremer Stadtmusikanten am Rathaus schuf, zählt zu den großen deutschen Bildhauern des 20. Jh.

Gegenüber steht das frühere Detentionshaus, das **Wilhelm-Wagenfeld-Haus** 3**.** Der Arbeit des Bremer Designers Wagenfeld (1900–90) verpflichtet, zeigt man in Wechselausstellungen von ihm gestaltete Produkte sowie zeitgenössisches Design.

UM DIE ECKE

Ein wenig versteckt liegt die denkmalgeschützte **Villa Ichon** 4 (Goetheplatz 4, T 0421 32 79 61, www.villa-ichon.de, Ausstellungen Mo–Fr 11–13, 16–20, Sa 11–13 Uhr). 1849 als spätklassizistisches Wohnhaus erbaut, wird das Gebäude heute vom Verein Freunde und Förderer der Villa Ichon in Bremen e. V. betreut und dient als Forum für Kultur- und Friedensarbeit. Hier werden Lesungen, Vorträge und Ausstellungen veranstaltet. Das Restaurant mit Garten, ein Rückzugsort im Getriebe der Stadt, soll zukünftig mit neuem Pächter und Koch wieder eröffnet werden.

Ü ÜBRIGENS

Vom Knast zur Designinstitution, das ist der Werdegang einer der beiden Ostertorwachen, des einstigen Detentions- und heutigen **Wilhelm-Wagenfeld-Hauses** 3**.** Hier war die Giftmischerin Gesche Gottfried bis zu ihrer Hinrichtung 1831 drei Jahre lang inhaftiert. Später inhaftierte die Gestapo hier politisch und rassisch Verfolgte, in den 1980er- und 90er-Jahren saßen hier Abschiebehäftlinge unter menschenunwürdigen Bedingungen ein. Die unrühmliche Geschichte endete 1996, nachdem ein Insasse seine Zelle angezündet hatte und das Obergeschoss fast völlig ausbrannte. An diese Vergangenheit erinnert der Zellentrakt im rechten Flügel, der in die **Dokumentationsstätte Gefangenenhaus Ostertorwache** umgewandelt wurde.

11

Widersprüchlich – das ›Viertel‹

Ostertor (und Steintor), das ›Viertel‹, ist bunt und individuell, entlang seiner Hauptschlagader, Ostertorsteinweg (O'Way) und Vor dem Steintor durchaus auch schmutzig und laut, in den Seitenstraßen mit ihren typischen Bremer Häusern auch ruhig. Die Häuser sind beliebt, die Mieten steigen – und so verändert das ›Viertel‹, zumindest off the beaten track, sein Gesicht.

Quo vadis, Viertel?

Das Viertel hat seinen Szenecharakter den 1970er- und 80er-Jahren zu verdanken, als sich massive Proteste gegen die geplante Schneise Mozarttrasse (von Rembertiring und Schwachhauser Heerstraße bis Osterdeich) richteten und leer stehende Häuser, Produktionsstätten und Lager instandgesetzt wurden. Zu Letzteren zählt das heutige Kulturzentrum Lagerhaus, wo Kultur geplant und gemacht wird. Hier hat etwa das Kulturfest Breminale seinen Ursprung.

Nachdem zunächst Studenten und die alternative Szene das Viertel dominiert hatten, wandelt es sich in seinen Seitenstraßen zu einer Wohnadresse

Ein kleiner Ökomarkt, Lokale, Läden … Fahrräder – Viertelflair am Ulrichsplatz

eines gut situierten Mittelstands. Der Wohnraum wird teuer, die Studenten orientieren sich neu. An der berühmt-berüchtigten **Sielwall-Kreuzung,** Endpunkt mancher Demo, sind Dealer und Junkies noch immer da und der O'Way insgesamt besticht noch immer nicht mit schmuck-adretten Fassaden.

So ist er, trotz seiner zahlreichen Läden, bis heute keine glitzernde Einkaufsmeile. Hier finden Sie Schräges und Skurriles neben alteingesessenen Betrieben, Supermärkte neben Feinkost- und Weinangeboten, preiswerte neben Edelmode, Dönerbuden neben Bistros, Kneipen und Restaurants – und Reminiszenzen an alte Zeiten.

Viertelflair

Ein Gefühl für die Viertel-Atmosphäre gewinnen Sie am **Ulrichsplatz** 1. Setzen Sie sich in bzw. vor die In-Locations **Engel WeinCafé** 1 oder **GianBastiano** 2. Oder Sie gehen ins **Litfass** 3. Hier ist es fast wie in den 1970er-/80er-Jahren – ein bisschen heruntergekommen, verraucht, aber gut für einen Kaffee, Tee oder ein Bier. Im Sommer sitzt man auf dem Platz. Dienstag- und Freitagnachmittag verstärkt hier ein kleiner **Ökomarkt** das Flair.

Und wenn Sie in die winzige Bernhardstraße einbiegen, entdecken Sie eine kleine Disco: In den 1960er-Jahren war die **Lila Eule** 2 nicht nur ein Jazzlokal, hier politisierte auch Rudi Dutschke, hier versammelte sich die linke Szene.

Zu einem Viertelbummel gehört aber auch ein Besuch bei **Wilh. Holtorf Colonialwaren** 3, dem 1874 gegründeten Kolonialwarenladen mit seiner Jugendstileinrichtung von 1903.

Auf alle Fälle lohnen die Seitenstraßen Abstecher, denn nur so erschließt sich das Viertelflair in seiner Gesamtheit. Warum also nicht bewusst auf der Spur (Alt-)Bremer Häuser wandeln?

Bremer Häusern auf der Spur

Die Geschichte des **(Alt-)Bremer Hauses** begann im 19. Jh. Bremer Kaufleute hatten Geld und investierten in den Wohnungsbau. Meist wurden ganze Straßen(züge) von ein und demselben Unternehmer in einheitlichem Stil gebaut. Da dieser auch die Straßen als solche auf eigene Rechnung anlegen und aus Gründen des Hochwasserschutzes sowie wegen des hohen Grundwasserspiegels aufschütten musste, war sein Interesse groß, eine

▶ LESESTOFF

Die berühmt-berüchtigte Sielwall-Kreuzung kommt auch in Sven Regeners verfilmtem Roman **Neue Vahr Süd** vor. Die Stimmung Ende der 1970er-Jahre zwischen dem alternativen Treiben im Viertel, dem Wohnen in den Siedlungsblöcken in der Neuen Vahr und den politischen Auseinandersetzungen rund um Wehrdienst oder Kriegsdienstverweigerung bilden den Hintergrund für die persönliche Geschichte des Herrn (Frank) Lehmann.

Cityplan: Karte 2, F 6 ; Karte 3, F/G 6 | **Tram** 2, 3 Theater am Goetheplatz, Wulwesstraße, Sielwall, 10 Sielwall

INFOS/ÖFFNUNGSZEITEN

www.dasviertel.de
Lila Eule 2: ► S. 107
Wilh. Holtorf Colonialwaren 3:
Ostertorsteinweg 6, Mo–Fr 10–18.30, Sa 9–16 Uhr

KULINARISCHES FÜR ZWISCHENDRIN

Angesagt am Ostertorsteinweg sind gerade rund um den Ulrichsplatz verschiedene Locations: das **Engel WeinCafé** ❶ (► S. 105), die Trattoria **GianBastiano** ❷ (Nr. 27, T 0421 69 65 51 00 www.gianbastiano.de, Mo–Sa 12–22.30 Uhr, Pasta/Pizza 8,50–12 €, Hauptgerichte 17,50–24,50 €), wo alles frisch zubereitet wird, und das fast ein wenig aus der Zeit gefallene **Litfass** ❸ (Nr. 22, www.litfass-bremen.de, Mo–Do 10–2, Fr/Sa bis 4, So 12–2 Uhr; ► S. 59). Cremiges italienisches Eis schmeckt bei **Panciera** ❹ (Nr. 73, T 0421 70 03 07, tgl. 10–21 Uhr, u. U. früher geschl.). Und klar, dass es im Viertel vegetarische Restaurants gibt. Direkt am Ostertorsteinweg liegt das **Vengo** ❺ (Nr. 91, T 0421 89 78 52 43, www.vengo-bremen.de, Mo–Mi 11–21, Do–Sa 11–22 Uhr, ab 7,90 €) mit international inspirierten Gerichten, die man sich größtenteils an der Theke zuerst anschauen kann.

KAFFEE, TEE UND MEHR

Bei **Kaffee & Tee Hemken** 1 (Am Dobben 69, www.kaffee-tee-hemken.de, Mo–Do 9–13, 14.30–18.30, Fr 9–18.30, Sa 10–14 Uhr) werden die Kaffeebohnen noch langsam und schonend bei niedriger Temperatur 20 Minuten lang geröstet. Eine Erinnerung an die vielen kleinen Röstereien, die es früher im ›Viertel‹ gab. Und Harald Lührs schöner Laden **Buddhawelt Das Teehaus** 2 (Vor dem Steintor 30, www.buddhawelt.com, Mo–Fr 10–19, Sa 10–17 Uhr) birgt asiatische Möbel, Buddhafiguren etc. Dazu bietet er ein großes Teesortiment mit Tees aus biologischem Anbau und schönes Teegeschirr aus Glas, Porzellan oder Gusseisen.

MODE EINMAL ANDERS

Edle Schuhe, die zugegeben durchaus ihren Preis haben, gibt es u. a. bei **der schuh.** 3 (Ostertorsteinweg 61, www.derschuh-bremen.de, Mo–Fr 10–19, Sa 10–18 Uhr). Angenehm unprätentiös daher kommt **Petra Lindenberger** 4 (Ostertorsteinweg 76, T 0421 763 70, Mo–Fr 10.30–19, Sa 10.30–17 Uhr) mit ihrer individuell ausgewählten Mode, kein Mainstream, nicht jedem Trend folgend – aber immer up to date.

optimale Flächenausnutzung zu erzielen. Mietskasernen waren in Bremen ebensowenig erlaubt wie eine Hinterhofbebauung. Die Lösung: schmale, teils ein-, teils mehrgeschossige Reihenhäuser, tief in die Grundstücke hineingebaut. Um Monotonie entgegenzuwirken, wurde u. U. die Fassadengestaltung variiert: unterschiedliche Details, ab und an eine spiegelsymmetrische Anordnung zweier Nachbarhäuser oder die Illusion großzügigerer Fassaden in einer Zeile von sechs oder acht Häusern.

Charakteristisch für ein Bremer Haus sind ein, der Straßenaufschüttung geschuldetes Souterrain (als volles Sockelgeschoss nach hinten in den Garten ragend) mit Küche und Vorratskeller, ein Hochparterre mit drei Zimmern, davon zwei durch Schiebetüren verbunden, sodass man einen großen Raum von der Straßen- bis zur Gartenseite erhält, ein erster Stock mit Schlafzimmern und ein Dachgeschoss mit weiteren Zimmern. Der Haupteingang, dem häufig noch ein Wintergarten mit großen, in Eisen gefassten Glasflächen vorsitzt, liegt üblicherweise im Hochparterre.

Nur einen Katzensprung vom O'Way entfernt liegt der nur 3 m breite **Landweg** 4 mit sehr einfachen, eingeschossigen Bremer Häusern (z. B. **Nr. 32–34**). Er mündet auf die von etwas großzügigeren Bremer Häusern gesäumte **Rutenstraße** 5.

Diese trifft auf die **Kohlhökerstraße** 6. Die ärmlichen Behausungen der hier früher ihr Dasein fristenden Kohlhöker wurden allmählich von herrschaftlichen, nicht ganz typischen Bremer Häusern verdrängt. Mir fallen immer wieder das Haus **Nr. 19** von 1861 ins Auge – ein großzügiges Stadthaus mit üppigen Stuckaturen – und die prächtigen Häuser **Nr. 52–54** aus den 1870er-Jahren. Ältestes der denkmalgeschützten Häuser ist die **Nr. 62,** die 1846 erbaut wurde.

Über die Straße Am Steinernen Kreuz gelangt man dann in die **Kreftingstraße** 7, die in den 1860er-Jahren angelegt wurde. Hier finden sich zwei- ebenso wie dreigeschossige Häuser. Die Häuser **Nr. 4–7** etwa wurden mit drei Geschossen und zusammenhängenden Fassaden im Stil des Historismus mit klassizistischen Elementen errichtet.

Aber egal, in welche Seitenstraße Sie einbiegen – überall werden Sie einfache oder gar herrschaftliche (Alt-)Bremer Häuser entdecken, bewohnt von unterschiedlichsten Menschen.

›Reihenvilla‹ in der Kohlhökerstraße

Ü ÜBRIGENS

Als Kohlhöker, an die der Name der **Kohlhökerstraße** erinnert, bezeichnete man Kleinbauern, die hier Anbau betrieben und ihre Ernte, ihren Kohl, dann in der Stadt verhökerten.

12

Im wahrsten Sinne – **der Bürgerpark**

Ein Landschaftspark als Volksgarten, weitläufig und verschlungen, mit Wasser, Bäumen, Gebäuden, Bänken und Skulpturen, das ist der Bremer Bürgerpark. Ein Erholungsareal nur wenige Minuten von der Innenstadt entfernt.

Der Bürgerpark war früher Teil der Bürgerweide. Gräfin Emma von Lesum soll 1032 den Bitten Bremer Bürger entsprochen und ihnen Weideland zugesagt haben – so viel, wie ein Mann binnen eines Tages umschreiten könne. Ihr geiziger Schwager aber wählte einen Krüppel für diese Aufgabe aus …

Ein Central Park für Bremen

1865 entstand die Idee, hier einen Waldpark anzulegen, mit der Umsetzung beauftragte man den Landschaftsgärtner Wilhelm Benque (1814–95). Benque hatte zuvor den New Yorker Central Park gesehen und schuf eine für Deutschland neue Art des Landschaftsparks: weitläufige Grünflächen im Wechsel mit bewaldeten Arealen, ver-

Einfach mal kurz abschalten – auf in den Bürgerpark, und dort nicht auf ›Große‹, aber immerhin auf ›Kleine‹ Fahrt gehen.

INFOS/ÖFFNUNGSZEITEN

www.buergerpark.de

Bootsverleih am Emmasee ❶: bei gutem Wetter April–Okt. Mo–Sa nachmittags, So ab 10/11 Uhr

Bootsrundfahrt auf der Marie ❷: ab Meiereisee, Mai–Okt. Fr–So, Fei (nicht bei Regen) 10.30, 12, 14, 15.30 Uhr, zusteigen auch Emmasee, Tiergehege, Waldbühne, ab 12 Jahre 7,50 €, 6–11 Jahre 5 €, darunter frei – verlässt man zwischendrin das Boot, muss ein neues Ticket erworben werden! 1,5 Std. auf dem Nachbau eines Holzboots, das früher im Bürgerpark fuhr, die Wasserwege im Park befahren.

KULINARISCHES FÜR ZWISCHENDRIN

Wer das Glück hat, auf dem großen Balkon der **Meierei** 3 (T 0421 696 38 60, www.meiereibremen.de, Bus 22, 28 Parkallee, per Pkw erreichbar, tgl. ab12 Uhr, Mittagstisch 8,90 €, Gerichte 13,90–24,50 €, Flammkuchen ab 8,50 €) einen Tisch zu ergattern – und sei es nur, um einen Kaffee zu trinken –, blickt hinüber zum Park Hotel; vielleicht weiden sogar Kühe auf der großen Wiese. Das Lokal bietet moderne deutsche Küche mit mediterranem, hier und da auch asiatischem Einfluss. Bei gutem Wetter ist auch die Seeterrasse nach Norden zum Meiereisee hin geöffnet. Alternativ bietet sich **emma am see** ❶ (T 0421 16 82 29 54, www.emma-am-see.de, Bus 25 Weidedamm, Mo–Sa ab 11, So ab 10 Uhr, Mo/So abends geschl., Gerichte 8,40–20,50 €) an, ein 1960er-Jahre-Bau mit großer Terrasse – am Emmasee.

Cityplan: F/G 2–4 | **Tram** 6, 8 Am Stern, **Bus** 26, 27 Bürgerpark

bunden durch Wege und Wasserläufe, hier und da ein Gebäude eingestreut. Pflanzen und Sträucher, die Bremer Kaufleute aus Übersee mitbrachten, wurden integriert. Zu den ersten Gebäuden im Park zählten das Parkhaus, heute längst vom luxuriösen Park Hotel abgelöst, die Meierei, das Waldschlösschen (heute die Waldbühne), das Schweizerhaus (Sitz der Parkverwaltung) etc.

Heute bildet der Park (136 ha) mit dem angrenzenden Stadtwald eine Grünfläche von gut 200 ha. Er ist ein echter Bürgerpark, getragen von privaten Zuwendungen: Mitgliedsbeiträge zum Bürgerparkverein, Erlöse aus der alljährlichen Bürgerparktombola, aus Spenden, Vermächtnissen usw. Sie sollten sich treiben lassen

Das Park Hotel steht in der Tradition dreier Vorgängerbauten. 1872/73 entstand hier ein erstes Parkhaus, wie seine Nachfolger diente es als Restaurant und Ort gesellschaftlicher Veranstaltungen. 1956 konnte dann das neu erbaute Park Hotel eingeweiht werden. Inzwischen hat es mehrfache Erweiterungen erfahren – und gilt immer noch als die Bremer Topadresse für Übernachtungen und gesellschaftliche Ereignisse.

und ab und an einen Blick auf **Denkmäler, Bänke** und **Brücken** richten, die nicht selten von Bremer Kaufmannsfamilien gestiftet wurden.

Eine Molkerei im Park

Von der Hollerallee aus fällt als Erstes die prachtvoll-symmetrische Anlage von **Hollersee** 1 und **Park Hotel** 2 ins Auge. Hinter dem Hotel bietet sich eine herrliche Sicht über die Große Parkwiese bis zur **Meierei** 3, die 1880 im Stil eines Schweizer Chalets errichtet wurde – einst mit Kuh- und Kälberstall: Sie war eine echte kleine Molkerei mit Ausschank von Milchgetränken. Doch schon 20 Jahre später wurde hier kein Vieh mehr gehalten, sondern – wie heute – nur noch Gastronomie betrieben.

Ein wunderbarer Blick auf Park Hotel im Süden und Meierei im Norden bietet sich auch von der steinernen **Melchersbrücke** 4 mit ihren Balustraden aus. Schon Benque hatte sie als Unterbrechung der Sichtachse geplant, entworfen hat sie der Architekt Heinrich Müller – und gestiftet der Bremer Überseekaufmann Carl Melchers.

Kleine Details

Beim Spaziergang über die breiteren und schmaleren Wege durch Wiesen oder an Wasserläufen entdeckt man vielleicht das **Schütte-Denkmal** 5 für den bedeutenden Parkmäzen Franz E. Schütte, die steinerne **Römische Bank** 6 im antikisierenden oder die schmiedeeiserne **Heinebank** 7 im Jugendstil. Am **Eichenhain** 8 erinnert der **Benquestein** 9 an den Gartenplaner. Hübsch ist der **Laubengang** 10 aus Hainbuchen mit den Kulenkamp-Bänken. Im Westen des Parks liegt das **Tiergehege** 11 mit Ziegen, Schafen, Eseln, Fasanen, Enten etc.

▶ INFOS

Wer mehr über die Gebäude, Skulpturen, Brunnen, Brücken, Bänke im Park erfahren möchte, findet auf der Website des Parks unter **www.buergerpark.de/ueberblick** eine detaillierte Übersicht mit interaktivem Plan.

UM DIE ECKE

Insbesondere in den Monaten April bis September sollte man den Weg in die Nordostecke des Parks nicht scheuen. Dann zieht es Jazz- und Bluesfreunde zum Frühschoppen (ab 11.30 Uhr) in die **Waldbühne** 12 (T 0421 21 74 15, www.waldbuehne.com, Bus 22, 28 Parkallee, April–Sept. Mo–Fr ab 12, Sa ab 11, So ab 10 Uhr, Okt.–März Mo geschl.), heute eine gemütliche Kneipe im gründerzeitlichen Ausstellungspavillon mit Biergarten.

Ausflug ins Grüne – **Radtour entlang der Wümme**

13

Bremen hat auch ländliche Seiten wie das Blockland links der Wümme. Rechts des Flusses setzt das St. Jürgensland (Niedersachsen) die Landschaft fort, die zu den beliebtesten Ausflugszielen nicht nur der Bremer zählt und unter Naturschutz steht.

Wer diese Radrundtour macht, wird Fachwerk- und andere Häuser sehen, die teils noch als Bauernhöfe in Betrieb sind oder aber als Gastwirtschaften die Möglichkeit zur Einkehr bieten. Eine Radtour, bei der man die Seele baumeln lassen kann. Es ist die Weite der Wiesen, der mäandernde Fluss, das Rauschen des Schilfröhrichts. Die Chance, Kühe und Pferde weiden zu sehen, ist

Wer im Winter diese Tour unternimmt, muss mit munterer Gesellschaft rechnen – Menschengruppen mit Bollerwagen, Bier und Schnaps und womöglich boßelnd sind auf Kohltour unterwegs.

INFOS/ÖFFNUNGSZEITEN

Natur und mehr: www.blockland.de, www.kulturland-teufelsmoor.de, www.bund-bremen.net

Routeninfo: Hauptroute von/nach Kuhgrabenweg/Parkallee–Tram 3 Truperdeich ca. 39 km, via Jan-Reiners-Weg ca. 48 km. Fähre Wümmeblick, April–Okt. Mi 15–21, Do–Mo 11–21 Uhr, 1 €, Fahrrad 0,50 €; Fähre Zur Schleuse, Mai–Sept. Di–So 11.30–20 Uhr, witterungsabhängig

(Bio-)Hof Kaemena 3: Niederblockland 6, Bremen, T 0421 27 33 68, www.kaemena-blockland.de, www.snuten-lekker.de, Hofgalerie, Eiscafé, Ferienwohnungen. Galerie/Café: Mitte/Ende März bis Ende Okt. Mo–Fr 14–18, Sa/So 11–19 Uhr, bei Schlechtwetter geschl.

KULINARISCHES FÜR ZWISCHENDRIN

Haus am Walde 1: ► S. 95

Landhaus Kuhsiel 2: Oberblockland 2, Bremen, T 0421 301 68 51, www.landhaus-kuhsiel.de, Mai–Sept. Di–So 11.30–14.30, ab 18 Uhr (witterungsabhängig), sonst Sonderveranstaltungen

Gartelmann's Gasthof 3: Oberblockland 14, Bremen, T 0421 27 28 12, www.gartelmann-gasthof.de, Jan.–März Fr ab 12 (und n. V.), April–Okt. Mo–Fr ab 12, Sa/So, Fei ab 11, sonst Fr–So ab 12 Uhr, Nov. Kohlfahrten. Alles rund um die Bratkartoffel.

Melkhus 4: Hagensfährer Weg 1, Ritterhude, T 04292 12 92, www.melkhus-wümmedeich.de, Mai–Okt. Di–So 10–18 Uhr. Hausgemachtes mit Milch, Joghurt, Quark, Kuchen, Eis. Garten.

Wümmeblick 5: Höftdeich 11, Lilienthal, T 04292 95 16, www.wuemmeblick.de, Mi–Fr ab 15, Sa/So ab 11 Uhr (bis ca. 22 Uhr). Deftig Norddeutsches vom Matjesbrot bis zu hausgemachtem Labskaus (13,90 €), Schnitzel, Steak und Fisch (13,70–19,80 €), kleine vegetarische/vegane Auswahl, Biergarten.

Zur Schleuse 6: Truperdeich 35, Lilienthal, T 04298 20 25, www.geffken-zur-schleuse.de, Mi–So 11–24 (warme Küche 12–22), Mai–Sept. auch Di 11–24 Uhr. Die Geffkens sind in Bremen und umzu berühmt für alles rund um Bratkartoffeln, etwa Knipp, Beutelwurst, auch Fisch und Wild. Verwendet werden Produkte aus der Region. Terrasse. Kleine Fähre über die Wümme. Preise ähnlich Wümmeblick.

Cityplan: außerhalb H/J 1 | **Tram** 6 Universität-Nord

groß. Ob man auch das Glück hat, Frösche quaken zu hören, Rehe, Greifvögel, Enten, Schwäne, Graureiher, Rohrweihen oder Fischotter zu erspähen, bleibt dem Zufall überlassen, denn Gehege gibt es nicht.

Die Wümme mäandert gemächlich durch die Blockland-/St.-Jürgensland-Niederung, zieht weitere oder engere Schleifen, lässt sich von der Deichkrone oder aus dem Garten eines der Gasthöfe in Muße betrachten.

Idyll an der Wümme – vom Anleger in Höftdeich kann man in einem kleinen Boot sogar mit Fahrrad ans andere Ufer der Wümme übersetzen. Wer von der anderen Seite herüber will, muss dort eine Glocke läuten, dann setzt der Skipper über und holt seine Fahrgäste ab.

Das Blockland heute

Das Blockland wurde ebenso wie Hollerland und St. Jürgensland ab 1113 im Auftrag des Bremer Erzbischofs von Holländern erstmals kultiviert. Es bildet heute mit 3000 ha das größte zusammenhängende Agrargebiet Bremens. Die Kanäle bzw. Gräben, die das Land durchziehen, dienten und dienen primär der Entwässerung der Wiesen – anmooriges Marschland, das früher zum Überschwemmungsgebiet von Weser bzw. Wümme gehörte. Gräben schließen in mehr oder weniger regelmäßigen Abständen rechteckige Landstücke – Blöcke – ein, daher rührt auch der Name Blockland. Oder aber sie dienten wie die Neue Semkenfahrt als Torfkanäle dazu, den Torf, einst wichtiges Brenn- und Heizmaterial, aus dem Teufelsmoor nach Bremen zu bringen. Heute betreiben noch ca. 40 kleine und mittlere Bauernhöfe im Blockland Milchwirtschaft. Die Hofgebäude liegen auf oder gleich hinter dem Deich.

Von der City ins Blockland

Vorbei oder durch Bürgerpark und Stadtwald radelt man zum **Haus am Walde** 1 am Kuhgrabenweg, wo die Tour beginnt. Fast schnurgerade führt er zur Wümme und trifft dann an der **Kuhgrabenschleuse** 1 auf den Wümmedeich. Vielleicht haben Sie Glück und erleben eine kleine Bootsschleusung. Hier biegt man links ins Oberblockland ab und kann eine erste Rast im **Landhaus Kuhsiel** 2 einlegen, übrigens das letzte Haus in unserer Fahrtrichtung, das auch Nicht-Anlieger per Pkw anfahren dürfen. Danach gehört der asphaltierte Weg Fußgängern, Radfahrern, Skatern und Anliegern. Die Strecke ist außerordentlich beliebt.

Kurz hinter dem alten Torfkanal (Neue) **Semkenfahrt** 2 – im Winter hoffen alle, dass sie zum

Eislaufen freigegeben wird – erreicht man **Gartelmann's Gasthof** ❸ und dann den Bauernhof der Familie **Kaemena** 3 mit Hofgalerie, Eiscafé und Ferienwohnungen. Von hier sind es noch ca. 6,5 km bis zur Ritterhuder Heerstraße.

Auf niedersächsischer Seite – das St. Jürgensland

In die Heerstraße biegt man nur ein, um nach Queren der Wümme rechts in die Deichstraße auf niedersächsischer (Ritterhuder) Seite, die hier zunächst Nordseite heißt, zu fahren. Achtung: Auf der kurvenreichen Strecke können Ihnen Autos entgegenkommen! Die kleine Straße führt unterhalb des Deichs entlang, während sich links das weite St. Jürgensland erstreckt. Wer eine Erfrischung benötigt, kann am **Melkhus** ❹ von Sandra Seebeck Rast machen. Ein Stück weiter bietet der beliebte Gasthof **Wümmeblick** ❺ – mit Garten zum Fluss hinab – nicht nur deftige Regionalküche, sondern in der Saison einen **Fährdienst** (kleines Boot, Fahrradtransport möglich) über die Wümme.

In der **Galerie Höftdeich** 4 kann man noch einmal Kunst schnuppern, bevor man am Maschinenfleet das **Schöpfwerk Höftdeich** 5, ein Pumpenhaus vom Ende des 19. Jh., passiert. Damals mit Dampf betrieben (heute elektrisch), dient es dazu, das im Winter – zwecks Schlickgewinnung zur Düngung der Wiesenflächen – bewusst aufgestaute Überschwemmungswasser der Wümme im Frühjahr zurückzupumpen.

Und dann ist der **Gasthof Zur Schleuse** ❻ erreicht. Spätestens hier sollte man auf die Deichkrone gehen. Von der Terrasse bietet sich ein schöner Blick auf die Wümme, die sich an dieser Stelle in relativ weitem Bogen windet. Lauschen Sie dem Schilf und genießen Sie den Blick aufs Wasser. Auch hier kann man mit einer kleinen **Fähre** (Mai–Sept.; auch Fahrradtransport) übersetzen und am anderen Ufer via Kuhgrabenweg zurück in die Stadt radeln. Wer noch genug Puste hat, kann alternativ über den Truperdeich bis zum Jan-Reiners-Weg weiterradeln und auf diesem via Universität (ausgeschildert) in die City.

Pedalmüde radeln via Truperdeich bis zur Hauptstraße in Lilienthal und fahren von dort mit der Linie 4 zurück in die Stadt.

Ü
ÜBRIGENS

Kennen Sie den **hl. Jürgen?** Vermutlich ja, als hl. Georg. Da, wo heute (abseits unserer Route) die St.-Jürgens-Kirche steht, ließ Bischof Ansgar von Bremen 865 eine Kapelle errichten, geweiht dem hl. Georg. Der ›ersetzte‹ im Zuge der Christianisierung oft den germanischen Odin (Wodan) – und gilt als einer der 14 Nothelfer. Half zunächst nicht, denn immer wieder suchten Überschwemmungen das Land heim, vernichteten Hab und Gut der Menschen. Doch der Name **St. Jürgensland** passt doppelt. Das Land wurde zum Schutz eingedeicht. Zwar nicht vom Moorkommissar Jürgen Christian Findorff – Nomen est omen und hier schließt sich der Kreis –, der im 18. Jh. das Teufelsmoor trockenlegen ließ, sondern von holländischen Siedlern (auf Blockland-) bzw. den Klöstern Osterholz und Lilienthal (12./13. Jh.) auf St. Jürgens Seite.

An der Außenweser – **Bremerhavener Havenwelten**

14

Bremens 60 km entfernte Schwesterstadt an der Außenweser sucht den touristischen Anschluss und wuchert verstärkt mit dem Pfund ihrer Lage an der Außenweser – insbesondere Klimahaus und Auswandererhaus ziehen die Besucher an.

Im 19. Jh. war die Weser stromaufwärts so stark versandet, dass Hochseeschiffe die Bremer Häfen nicht mehr anlaufen konnten. 1827 konnte der Bremer Bürgermeister Johann Smidt dem König von Hannover Land zwischen Geeste und Weser abkaufen, ein neuer Hafen entstand – der Beginn Bremerhavens.

Die Stadt kämpft mit dem Strukturwandel, etwa mit den Veränderungen in der Hafenwirtschaft – mit der auf 5 km verlängerten Stromkaje des Con-

»Sailing, sailing over the deep blue sea, …« – das Atlantic Sail City ragt über den Havenwelten auf, ihm vorgelagert das Klimahaus 8° Ost, in dem auch der Klimawandel thematisiert wird …

tainer-Terminals 4 hat bremenports ein Zeichen gesetzt. Immerhin zählt Bremerhaven zu den größten Container- und Autoumschlagplätzen Europas. Ferner entwickelt sich die Stadt zum Zentrum für die Herstellung von Offshore-Windparks.

Der Globus am Deutschen Auswandererhaus weist darauf hin – die Welt ist groß und weit. Wir Menschen leben und bewegen uns auf ihr, mal freiwillig, mal notgedrungen. Hier im DAH geht's um Schicksale, die Menschen in die weite Welt (USA) hinaus – oder heute nach Deutschland – geführt haben und führen.

Aufbruch in die neue Welt

Bremerhaven war einer der großen Auswandererhäfen Europas, über 7 Mio. Menschen sind seit dem Ende des 18. Jh. von hier in die neue Welt aufgebrochen. Grund genug, das **Deutsche Auswandererhaus** 1 (DAH) zu errichten. Hier können die Besucher auf den Spuren der Auswanderer wandeln. Treten Sie die Reise an – in der **Wartehalle**. Stehen Sie an der **Kaje** zwischen den Menschen von damals. Gehen Sie **an Bord.** Reisen Sie in einfachsten Kojen auf einem Segelboot von 1850 oder schon etwas bequemer, selbst in der dritten Klasse, auf dem Ocean Liner Columbus von 1929. Und dann ist die Hürde der Einwanderung zu nehmen – **Ellis Island.** Mit ein wenig Glück (wobei, ist ja alles nur Attrappe, es gibt natürlich keine Einreisekontrolle) erreichen Sie den prächtigen **Grand Central Terminal** von New York. Spannend sind aber vor allem die individuellen Geschichten, die Schicksale der Menschen, die über Bremerhaven Europa verließen, um ihr Glück in der Ferne zu suchen. Von einigen sind nur Namen und Tag der Abfahrt bekannt. Von anderen weiß man mehr. In der **Galerie der 7 Millionen** kann man ihrem Leben nachspüren.

Inzwischen befasst sich das DAH nicht mehr ›nur‹ mit Emigration aus, sondern auch Immigration nach Deutschland, ist eine Stätte der Migrationsforschung. Folgerichtig widmet sich ein Anbau dem aktuellen **Thema Migration** und den Einwanderern nach Deutschland und Europa.

Von Weltreisen und Klimaschutz

Steht man vor dem DAH am Neuen Hafen, fällt der Blick auf das **Klimahaus 8° Ost** 2, das von außen ein wenig an das Burj el-Arab in Dubai erinnernde **Atlantic Hotel Sail City** 3 mit einer Aussichtsplattform in 86 m Höhe sowie die Einkaufswelt **Mediterraneo** 4.

Das Klimahaus 8° Ost nimmt seine Besucher entlang Bremerhavens Längengrad auf eine Reise zu den **Wetterphänomenen** und **Klimazonen**

INFOS/ÖFFNUNGSZEITEN

www.bremerhaven.de: Stadtinfos
Tourist-Info: Hafeninsel, H.-H.-Meier-Str. 6, T 0471 80 93 61 20, 0471 41 41 41, tgl. Mai–Mitte/Ende Sept. 8–18, Mitte/Ende Sept.–April 9.30–18 Uhr, Schaufenster Fischereihafen, Am Schaufenster 5, T 0471 80 93 61 27, tgl. 9.30–17.30 Uhr
Hafenbus 8: ► S. 113
Hafenrundfahrten 6, 7: ► S. 113
Deutsches Auswandererhaus (DAH) 1: Columbusstr. 65, T 0471 90 22 00, www.dah-bremerhaven.de, tgl. März–Okt. 10–18, Nov.–Febr. 10–17 Uhr, Einlass bis 1 Std. vor Schließung, 13,80 €, 5–16 Jahre 8,80 €, Familien 38 €, Alleinerziehende/Kinder 25 €, Kombiticket Schifffahrtsmuseum 18/14,30/48 €
Klimahaus 8° Ost 2: Am Längengrad 8, T 0471 90 20 30-0, www.klimahaus-bremerhaven.de, April–Aug. Mo–Fr 9–19, Sa/So, Fei 10–19, Sept.–März tgl. 10–18 Uhr, 15 €, 5–17 Jahre 11 €, Familien (2 Erw./Kinder bis 17 Jahre) 45 €
Aussichtsplattform Sail City 3: Atlantic Hotel Sail City, Am Strom 1, T 0471 30 99 00, tgl. April–Sept. 9–21, Okt.–März 10–17 Uhr (letzte Auffahrt 30 Min. vor Schließung), 3 €, bis 12 Jahre 2 €, Familien 8 €
Mediterraneo 4: Am Längengrad 12, www.das-mediterraneo.com, Shops Mo–Sa 10–19, Gastronomie tgl. 10–21 Uhr
Deutsches Schiffahrtsmuseum 5: Hans-Scharoun-Platz 1, T 0471 482 07-0, www.dsm.museum, Mitte März–Okt. tgl. 10–18 (Schiffe bis 17.45), Nov.–Mitte März nur Gebäude Di–So 10–18 Uhr, Gebäude/Schiffe 8 €, 6–14 Jahre 5 €, Familien 14,50 €, Schiffe solo je 1 €, U-Boot, www.u-boot-wilhelm-bauer.de, April–Okt. tgl. 10–17.30/18 Uhr, 3,50 €, 6–17 Jahre 2,50 €, Kombiticket DAH 18/14,30/48 €
Schaufenster Fischereihafen 9: An der Packhalle IV, T 0471 301 00 03, www.schaufenster-fischereihafen.de
Zoo am Meer 10: H.-H.-Meier-Str. 5, T 0471 308 41 41, www.zoo-am-meer-bremerhaven.de, April–Sept. tgl. 9–19, März, Okt. 9–18, Nov.–Febr. 9–16.30 Uhr, Einlass bis 30 Min. vor Schließung, 8,50 €, 4–14 Jahre 5 €, Familien 21 €, Mo günstiger

---

KULINARISCHES FÜR ZWISCHENDRIN

Fisch und mehr gibt es u. a. in der **Strandhalle** 1 (H.-H.-Meier-Str., T 0471 460 61, www.strandhalle-bremerhaven.de, tgl. 11–23, Küche 12–14.30, 18–21.30 Uhr, 9,80–26,90 €) mit Terrasse zur Wasserseite und beim Klassiker **Natusch** 2 (Am Fischbahnhof 1, T 0471 710 21, www.natusch.de, Bus 504, 505, 506 Am Fischbahnhof, Di–So Küche 11.45–15, 17.30–22 Uhr, 18,50–33,50 €). Im **Schaufenster Fischereihafen** 9 reihen sich die Lokale.

Cityplan: Karte 5 | **Zug** Bremen Hbf–Bremerhaven Hbf, dann **Bus** 501, **Schnellbus** 502, 505 506, 508, 509 Havenwelten, **Bus** 504, 505, 506 Schaufenster Fischereihafen

Als Insekt unterwegs – im Klimahaus 8°Ost

unseres Planeten mit: Gletscher und Sandstürme, Tropenwald und ewiges Eis. Man erlebt die klimatischen Bedingungen etwa auf Sardinien (aus der Insektenperspektive), in Kamerun, in der Antarktis, auf Samoa oder einer kleinen Hallig in der Nordsee. Man schwitzt oder friert, man wandert oder relaxt auf dieser kleinen Abenteuerreise durch die Welt. Darüber hinaus werden die **Elemente** (Feuer, Wasser, Erde, Luft) und ihr Einfluss auf Klima und Wetter thematisiert. Immer im Fokus: **Klimaentwicklung** und **Klimaschutz,** die Problematik des Klimawandels.

Seefahrerlatein und mehr

Reisesehnsucht wecken auch die **Dampf-, Motor- und Segelschiffe,** die den Neuen und Alten Hafen beleben. Wobei zumindest die alten Segelschiffe wohl weitgehend klimaschonend auf großer Fahrt waren.

Das **Deutsche Schiffahrtsmuseum** 5 und seine im Museumsgebäude selbst und im Alten Hafen zu besichtigenden Schiffe erzählen von der Seefahrt, ob im Mittelalter, im Industriezeitalter, bei der Marine, der Fischerei (u. a. Walfang) etc. Besonders relevant ist die im Haus ausgestellte Kogge von 1380, die aus einem Bremer Hafenbecken geborgen werden konnte. Spannend auch die Geschichte der Navigation auf See – wie fan-

▶ INFOS & LESESTOFF

Ursula Feldkamp hat sich dem Thema Frauen an Bord gewidmet, schreibt über ihre Stellung an Bord, über Anfeindungen, Übergriffigkeiten, denen sie ausgesetzt waren, nicht zuletzt anhand von Selbstzeugnissen zur See fahrender Frauen, und spannt den Bogen bis hin zur Frage, warum bis heute relativ wenige Frauen – und das nicht nur in der Seefahrt – Führungspositionen besetzen.
Ursula Feldkamp:
Frauen an Bord von Frachtsegelschiffen 1850–1939 in autobiografischen Quellen.
Schriften des Deutschen Schiffahrtsmuseums, Band 75, Wiefelstede 2014.

den die Seeleute früher ihren Weg – ohne Satellitennavigation – und wie heute? Interessant sind im Museumshafen auch die Bark Seute Deern, das Schnellboot Kranich und das U-Boot Wilhelm Bauer.

Große Schleusen und gewaltige Schiffe

In Bremerhaven bietet sich die Gelegenheit, moderne Hafenwirtschaft auf einer **Hafenrundfahrt** vom Wasser aus zu erleben. Die Stadt ist insbesondere ein Zentrum für Container- und Autoumschlag. So ist die Stromkaje mit fast 5 km der längste zusammenhängende Containerterminal der Welt. Mit dem Columbus Cruise Terminal besitzt die Stadt darüber hinaus einen großen Anleger für Kreuzfahrtschiffe. Die Routen der Rundfahrtanbieter HaRuFa, Start am **Neuen Hafen** 6, und Hal över, Start **Seebäderkaje** 7, weichen etwas voneinander ab. Am besten man fragt vor Ort oder informiert sich vorab auf der jeweiligen Website, um die für sich richtige Wahl zu treffen.

Wer binnenseits einen Einblick in den Hafen gewinnen möchte, der kann eine spannende Zwei-Stunden-Rundfahrt mit dem **Hafenbus** 8, einem gelben Doppeldecker, unternehmen. Am besten starten Sie am Forum Fischbahnhof im Schaufenster Fischereihafen (Personalausweis/Reisepass nicht vergessen!).

UM DIE ECKE

Zu einem Anziehungspunkt, nicht nur für Bremer und Bremerhavener, hat sich längst das **Schaufenster Fischereihafen** 9 entwickelt. Hier kann man Maritimes erstehen und vor allem Fisch essen und kaufen. Unterschiedlichste Veranstaltungen vom Bauernmarkt über Fischparty, Oldtimertreffen bis zu Musikevents oder Freiluftkino (s. Website) erhöhen die Attraktivität.

Nicht zum ersten Mal sorgte der **Zoo am Meer** 10 2016 mit Eisbärennachwuchs für mediales Interesse. Neben Eisbären leben hier Seelöwen, Pinguine, Affen, Meeresvögel etc. Von hier aus kann man auf dem **Deich** bis zum **Pingelturm** 11, dem Kaiserschleuse-Ostfeuer, gehen. Dahinter liegen Kaiserhafen, Kaiserschleuse und Stromkaje.

Ü
ÜBRIGENS

Nichts als männlicher Selbstschutz? »Frauen an Bord bringen Unglück«, den Spruch kennt jeder. Vermutlich ging es tatsächlich nur darum, ›Balzkämpfe‹ an Bord zu vermeiden, wenn die *Mann*schaft über Wochen und Monate fern der Familie auf See war. Dennoch fuhren Frauen auch in früherer Zeit (mit) zur See. Teils heimlich, teils erwünscht – dann ihre Männer begleitend, um etwa die ›Hausarbeit‹ an Bord zu erledigen. Offiziell als Besatzungsmitglieder unterwegs waren sie in den 1930er-Jahren auf Schiffen des finnischen Reeders Gustaf Eriksson – doch nie als Offizier oder Kapitän. Das gab's früher nur in ›illegaler‹ Form: In China machte Cheng Sao (Zheng Yisao) Anfang des 19. Jh. als Piratin Furore, in Europa waren es ein knappes Jahrhundert zuvor Anne Bonn(e)y und Mary Read.

15

Ausflug ins Künstlerdorf – **Worpswede**

Wie der Zufall so spielt … Hätte Fritz Mackensen in Düsseldorf, wo er Kunst studierte, nicht die Worpsweder Kaufmannstochter Mimi Stolte kennengelernt, würde heute wohl kaum jemand Worpswede kennen. So aber wurde ein kleines Bauerndorf auf dem nur 57 m hohen Weyerberg mitten im Teufelsmoor zur Künstlerkolonie.

Gebogenes Fachwerk, merkwürdige Dachfirste, vorspringende Ziegel – das galt als ›verrückt‹, Hoetger ließ auch die Handwerker in die Gestaltung eingreifen.

Weil Mimi so von ihrer Heimat schwärmte, besuchte Mackensen (1866–1953) 1884 erstmals Worpswede. Das Licht- und Farbspiel von Sonne und Wolken, von Nebel und Regen über moorschwarzem Land, den Wiesen und kieferngesäumten Wegen, den Wasserläufen, auf denen Torfkähne mit schwarzen Segeln fuhren, beeindruckten ihn tief.

Die Künstlerkolonie

1889 ließ sich **Fritz Mackensen** gemeinsam mit seinen Künstlerfreunden **Otto Modersohn** (1865–1943) und **Hans am Ende** (1864–1918) in Worpswede nieder. Bald stießen **Fritz Overbeck** (1869–1909) und **Heinrich Vogeler** (1872–1942) hinzu. Auch **Paula Becker** kam nach Worpswede, wo sie 1901 Modersohn heiratete. Zu ihrem Kreis, in dessen Mittelpunkt alsbald Heinrich Vogeler stand, gesellten sich die Malerin und Bildhauerin **Clara Westhoff** (1878–1954) sowie der Lyriker **Rainer Maria Rilke** (1875–1926), den sie ehelichte. 1914 zog der expressionistische Künstler und Baumeister **Bernhard Hoetger** in das Künstlerdorf. Es folgten eine zweite und dann die Nachkriegs-Künstlergeneration. Auch heute leben und/oder arbeiten in und um Worpswede zahlreiche Kunstschaffende.

Zu den Highlights im Künstlerdorf

Bernhard Hoetger schuf das Ensemble aus **Großer Kunstschau** und **Kaffee Worpswede** 1. Der Volksmund bezeichnet Letzteres als **Kaffee Verrückt,** da Bernhard Hoetger hier seiner Fantasie einmal mehr freien Lauf ließ: Das Ziegelstein-Fachwerkhaus verbindet expressionistische Elemente mit solchen aus der nordeuropäischen Mythologie und von Kulturen exotischer Völker. Auf dem Weg stößt man auf Skulpturen von Bernhard Hoetger, etwa den **Bonzen des Humors.** Am Treppenaufgang zur Großen Kunstschau steht seit 2010 ein **Brunnen** des Bildhauers Waldemar Otto. Die Kunstschau zeigt Werke der alten Worpsweder. Im neueren Westflügel sind wechselnde Ausstellungen, oft zeitgenössischer (nicht nur Worpsweder) Kunst, zu sehen.

Unterhalb der Großen Kunstschau liegt die **Worpsweder Kunsthalle** 2. Sie geht auf die Anfangszeit der Künstlerkolonie zurück, als Friedrich (I) Netzel Künstlern Raum für die Präsentation ihrer Arbeiten zur Verfügung stellte. Zu sehen sind Bilder aus der Sammlung und verkäufliche Arbeiten Worpsweder Maler (von alt bis zeitgenössisch).

Geht man von der Großen Kunstschau durch das Wäldchen zu Fuß zum Barkenhoff, lohnt die **Käseglocke** 3 einen Blick. Sie verdankt ihren Namen ihrer eigenwilligen Kuppelform. Edwin Könemann erbaute sie 1926 nach einer Skizze Bruno Tauts. Heute birgt sie ein Museum für regionale angewandte Kunst.

Ü ÜBRIGENS

Kennen Sie den Ausdruck **Malweiber?** Eine ursprünglich despektierliche Bezeichnung für jene jungen Künstlerinnen, die um die Wende vom 19. zum 20. Jh. malen wollten – und das auch in der freien Natur. Frauen war bis 1918 der Zugang zu den Kunstakademien verwehrt. Sie waren auf privaten Unterricht bei männlichen Kollegen angewiesen. Ernstnehmen wollten sie auch nur die wenigsten – und das obwohl großartige Künstlerinnen unter ihnen waren. Wegbereitend für die nachfolgende Kunst des 20. Jh. wurde, betrachten wir einmal die Worpsweder Szene jener Zeit, keiner der männlichen Kollegen, sondern eine Frau, Paula!

Lachend sitzt er da und lässt sich fast alles gefallen – Hoetgers Bonze des Humors.

ANREISE

Bus 670: www.vbn.de, Preisstufe C, Einzelticket 4,55 €/6–14 Jahre 2,25 €, Viererticket 16 €
Moorexpress: www.moorexpress.net, Mai–Okt. Sa/So, Fei ab Bremen Hbf 9.07, 12.08, 16.07, 19.08 Uhr, retour 8.04, 11.02, 15.04, 18.02 Uhr, Einzelticket 6,50 €, 6–14 Jahre 3,50 €, Fahrrad 3 €; Sonderfahrten s. Website
Schiff Alma: www.hal-oever.de, ab Vegesack Signalstation, Mai–Sept. Mi, Sa 9.45, Rückfahrt ab Worpswede/Neu Helgoland 15 Uhr, abweichende Abfahrten s. Website, einfach 16 €, hin und zurück 26 €, 4–14 Jahre die Hälfte

INFOS/ÖFFNUNGSZEITEN

Tourist-Info: Philine-Vogeler-Haus, Bergstr. 13, T 04792 93 58 20, www.worpswede.de, Mai–Okt. Mo–Do 10–16, Fr/Sa bis 18, So bis 15, Nov.–April Di–So 10–15 Uhr
Museumsverbund: www.worpswede-museen.de. Große Kunstschau, Worpsweder Kunsthalle, Barkenhoff und Haus im Schluh bilden einen Verbund. März–Okt. tgl. 10–18 Uhr geöffnet, Nov.–Febr. s. Website, Kombikarte 19/12,50 €
Große Kunstschau 1: Lindenallee 5, T 04792 13 02, 8/5 €
Worpsweder Kunsthalle 2: Bergstr. 17, T 04792 12 77, 5/3 €
Käseglocke 3: T 04792 12 77, www.freunde-worpswedes.de, Di–So 11–16, Sommer bis 17 Uhr, Jan./Febr. geschl., geringer Eintritt
Barkenhoff 4: Ostendorfer Str. 10, T 04792 39 68, 7/4 €
Museum am Modersohn-Haus 5: Hembergstr. 19, T 04792 47 77, www.museum-modersohn.de, April–Okt. tgl. 10–18, Nov.–März Sa/So 13–17 Uhr und n. V., 4/3 €, Familien (2 Erw., 2 Kinder unter 14) 7 €
Haus im Schluh 6: Im Schluh 33, T 04792 522, 95 00 61, 6/3,50 €.
Zionskirche 7: An der Kirche 5, T 04792 963 35, tgl. 10–17 Uhr
Casa di Mobili 9: Straßentor 2, www.casa-di-mobili.de, Mo–Sa 10–13, 15–18, So 13–18 Uhr

KULINARISCHES FÜR ZWISCHENDRIN

Cafés und Bistros konzentrieren sich (so wie viele kleine Läden) an der Bergstraße. Ein Highlight ist eine Rast – und sei es für Kaffee und Kuchen – im Hoetger-Bau **Kaffee Worpswede** 1 (Lindenallee 1, T 04792 10 28, www.kaffee-worpswede.de, Mi–So ab 11.30 Uhr, Mittagskarte ab 10 €, sonst 12,50–29,50 €), wo Jens Kommerau exzellent, gern mit einem Touch Asien, kocht. An der Hamme liegt mit großer Terrasse die **Hamme Hütte Neu Helgoland** 8 (Hammeweg 19, T 04792 76 06, www.hammehuette.de, tgl. 11–22 Uhr, Winter u. U. abweichend, 10,50–23,50 €) mit moderner deutsch-französischer Küche und einigen regionaltypischen Speisen. Am **Hammestrand** auf der anderen Seite des Hammewegs bekommt man übrigens Bratwurst, Bier und mehr.

Cityplan: Karte 5 | **Bus** 670 ab Bremen ZOB, Steig G bis Worpswede (Hemberg oder Insel), **Moorexpress** (s. o.), **Schiff** (s. o.)

1895 erwarb Heinrich Vogeler ein Bauernhaus, das er umbaute: Der **Barkenhoff** [4] wurde zum lebendigen Gesamtkunstwerk und Treffpunkt der Künstler. Nach dem Ersten Weltkrieg wandelte der als Jugendstilkünstler bekannte Vogeler, nun radikaler Linker, das Haus in eine Kommune um. Gezeigt werden Gemälde, Grafiken und Design von Vogeler – aus der Jugendstilperiode und aus dem vom sozialistischen Gedanken geprägten Spätwerk. Schon Gebäude und Garten sind einen Besuch wert.

Das **Museum am Modersohn-Haus** [5] zeigt eine Privatsammlung Worpsweder Kunst. Zum Komplex gehört das frühere (Holz-)Haus Paula Modersohn-Beckers.

Das **Haus im Schluh** [6] – zwei reetgedeckte Fachwerkhäuser –, wohin sich Vogelers erste Frau Martha zurückzog, wird noch heute von deren Nachfahren betreut. Zu sehen ist eine große Vogeler-Sammlung. Die Handweberei, die Martha Vogeler hier begründete, wird von ihrer Urenkelin Berit Müller weiter gepflegt.

Glaube, Schabernack und Totenruhe

Zurück im Ortskern lohnt ein Besuch von **Zionskirche** [7] und **Friedhof.** Der Moorkommissar Jürgen Christian Findorff veranlasste 1757–59 den Bau der Kirche, der ältesten im Moor. Die Blumenfresken und Engelsköpfe in der protestantisch-schlichten Kirche sind ›Sühnearbeiten‹ von Paula (Modersohn-)Becker und Clara (Rilke-)Westhoff, die sie 1900 als Strafe für ein Glockenläuten anfertigten. Auf dem Friedhof ruhen u. a. Paula Modersohn-Becker, Hans am Ende und Fritz Mackensen.

UM DIE ECKE

Licht, Wolkenspiel und Landschaft des Teufelsmoors – dafür lohnt sich der Weg hinaus zur **Hamme bei Neu Helgoland** [8] (3 km von der Ortsmitte, Autozufahrt möglich). Der frei zugängliche **Hammestrand** verlockt zu einem Bad im moorig-schwarzen Hammewasser – oder man spaziert nur über die Hammebrücke Richtung Naturschutzgebiet Breites Wasser. Auf dem Weg zur Hamme lohnt vor dem Worpsweder Ortsausgang ein Blick auf und in die **Casa di Mobili** [9] – ein großes altes Bauernhaus, heute ein Laden für schöne Möbel, Wohnaccessoires und mehr.

Morgens im Teufelsmoor

Ü ÜBRIGENS

Eine Institution mit großem nationalem und internationalem Renommee ist längst die **Music Hall Worpswede** geworden, in der gern auch Künstler, die sonst größere Rahmen gewöhnt sind, auftreten. Ob Inga Rumpf, Gustav Peter Wöhler, Manfred Mann's Earthband, Nina Hagen – das Spektrum ist groß, die Atmosphäre intim, die Stimmung besonders und immer gut. Und das nicht zuletzt dank des Music-Hall-Teams, das sich für diesen Kulturbetrieb (ein nicht-kommerzieller eingetragener Verein) engagiert.

Music Hall Worpswede [1]**:** Findorffstr. 21, T 04792 95 01 39, http://musichall-worpswede.eu/.

EINTRITTSKARTEN *in eine andere Welt ...*

Über die in den Direkt-Kapiteln genannten Häuser hinaus gibt es weitere spannende Museen. Hier meine Favoriten:

UND JETZT ENTSCHEIDEN SIE!

Focke-Museum
Di 10–21, Mi–So 10–17 Uhr
6/2 €, Fam. 12 €

Bremische Geschichte in Relikten von Rolandkopf bis Borgwardt-Autos, Bildern, Modellen und multimedial in historischen Gebäuden, die teils aus dem Umland auf das Areal von Gut Riensberg verbracht wurden.

K 3, www.focke-museum.de

JA NEIN

Krankenhaus-Museum
Mi–So 11–18 Uhr
4/2 €

Das Museum in historischen Hofgebäuden zeigt 100 Jahre Bremer Psychiatriegeschichte: Behandlungsformen, Biografisches zu Patienten oder Personal, ›Euthanasie‹ zzt. der NS-Herrschaft.

außerhalb M6, www.kulturambulanz.de

JA NEIN

Overbeck-Museum
Di–So 11–18 Uhr
4/3 €

Werke des Malers Fritz Overbeck (1869–1909), Mitbegründer der Künstlerkolonie Worpswede, und seiner Frau Hermine Overbeck-Rohte (1869–1937). Darüber hinaus finden Sonderausstellungen statt.

Karte 4, www.overbeck-museum.de

JA NEIN

Schloss Schönebeck
Di/Mi, Sa 15–17,
So 10.30–17 Uhr
3/1 €

Das Heimatmuseum im barocken Fachwerkbau von 1682–86 widmet sich Schifffahrt, Fischerei, Walfang und dem 1831 geborenen Vegesacker Afrikaforscher Gerhard Rohlfs.

Karte 4, www.museum-schloss-schoenebeck.de

JA NEIN

Schulschiff Deutschland

tgl. 10–18, Nov.–Febr. tgl. bis 17, 1. Sa/Monat nur 14–18 Uhr

3/0,50/2 €, Fam. 8 €

○ JA ○ NEIN

Der 1927 bei der Werft J. C. Tecklenborg vom Stapel gelaufene 86 m lange Großsegler ist das einzig erhaltene Vollschiff der deutschen Schifffahrtsgeschichte. Hier kann man auch nächtigen (▶ S. 89).

Karte 4, www.schulschiff-deutschland.de

›Denkort‹ U-Boot-Bunker Valentin

Di–Fr, So 10–16 Uhr

Eintritt frei

○ JA ○ NEIN

Unter Einsatz von Tausenden von Zwangsarbeitern – mehr als 1100 starben – errichtete die NS-Regierung diese Bunkerwerft: 426 m lang, bis zu 97 m breit. Museum, Infocenter, Gedenkstätte.

Karte 5, www.denkort-bunker-valentin.de

Überseemuseum

Di–Fr 9–18 (Bremer Ferien Di–So 10–18), Sa/So 10–18 Uhr

6,50/2,50 €, Fam. 13,50 €

○ JA ○ NEIN

Exponate aus der Südsee (Ozeanien), Afrika (Lebensraum Wüste), Amerika und Asien (Seidenstraße, Bollywood, Traditionen, Megacities) – stets mit dem Blick auf heutige politische und wirtschaftliche Zusammenhänge.

Karte 2, E/F 4/5, www.uebersee-museum.de

Universum Science Center

Mo–Fr 9–18, Sa/So, Fei 10–18 Uhr

16/11 €, Fam. 40 €, Guten-Abend-Ticket 5 €

○ JA ○ NEIN

Silberner ›Walfisch‹ mit interaktiven Exponaten zu Technik (vom Toaster bis zur künstlichen Intelligenz), Mensch und Natur. Wollten Sie immer schon mal gefahrlos erfahren, wie sich ein Erdbeben anfühlt?

H 1, www.universum-bremen.de

Weserburg – Museum für moderne Kunst

Di–So 11–18, Do bis 20 Uhr

8/5 €, Fam. 14 €

○ JA ○ NEIN

Kunst – Malerei, Installation, Video … – ab 1960 im ersten Sammlermuseum Europas, untergebracht in alten Speicherbauten mitten in der Weser. Von Fluxus über Penck bis Arman oder Richard Long.

E 5, www.weserburg.de

Luft- und Raumfahrtstadt Bremen

Bremen darf als die deutsche Stadt der Luft- und Raumfahrt gelten, ist einer der bedeutendsten europäischen Raumfahrtstandorte. Nicht nur nahm hier der deutsche Flugzeugbau seinen Anfang, nein, hier werden auch Pläne geschmiedet, zum Mond, zum Mars und hinaus ins All zu fliegen.

In Bremen nahm 1924 mit Focke-Wulf (eigentlich bereits 1923 unter dem Namen Bremer Flugzeugbau AG) der deutsche Flugzeugbau seinen Anfang, eine Tradition, die hier heute Airbus fortschreibt.
Ähnliches gilt für die Bremer Raumfahrtindustrie, die 1964 mit dem ERNO (Entwicklungsring Nord) ihren Anfang nahm. Aus ERNO ist Airbus Defense & Space geworden, heute u. a. für die Oberstufen der Ariane und das Columbus-Modul der ISS, der Internationalen Raumstation, verantwortlich. Auch für das ATV (Automated Transfer Vehicle, letzter Start 2015) ist der Standort zuständig – und an der Weiterentwicklung dieses Systems zu einem von der ISS zur Erde unzerstört zurückkehrenden Modell beteiligt.
Hinzu kommt mit OHB SE ein starkes mittelständisches Unternehmen, das im Satelliten- und Telematikbereich große Erfolge verbuchen kann. OHB zeichnet u. a. für die Galileo-Satelliten (europäisches Pendant zum US-amerikanischen GPS) verantwortlich.
Die Standorteffektivität stärken kleinere Raumfahrtfirmen – und ein exzellentes Wissenschaftscluster: u. a. das Institut für Raumfahrtsysteme des DLR (Deutsches Zentrum für Luft- und Raumfahrt), das ZARM (Zentrum für angewandte Raumfahrttechnologie und Mikrogravitation) mit dem Fallturm an der Universität Bremen, das DFKI (Deutsches Forschungszentrum für Künstliche Intelligenz) ebendort sowie Studiengänge für Luft- und Raumfahrt an Hochschule und Uni Bremen. Schon heißt es nicht mehr nur ›Von Bremen hinaus in die Welt‹, sondern ›Von Bremen hinauf zu Mond und Mars‹.

Flugfieber 1

Bremenhalle Karte 5

Highlight der Galerie der Luft- und Raumfahrt in der Bremenhalle ist die Junkers W33 Bremen – D1167. Und sie ist echt! Es handelt sich um die Originalmaschine, mit der 1928 die erste Atlantiküberquerung von Europa (Baldonnel in Irland) nach Nordamerika gelang. Ihr eigentliches Ziel, New York, erreichte die Maschine allerdings nicht. Sie musste bereits auf der Leuchtturminsel Greenly Island (Labrador, Kanada) landen. Von der benachbarten Besucherterrasse (tgl. 6–22 Uhr, wetterbedingte Änderungen, u. a. erst ab +5 °C) bietet sich ein Blick aufs Rollfeld.

Terminal 3 neben der Besucherterrasse, Flughafenallee, City Airport Bremen, www.airport-bremen.de, Tram 6 Airport, tgl. 10–18 Uhr (außer 24.–26.12., 31.12./1.1. und bei Veranstaltungen).

Flugfieber 2

Flughafenführung Karte 5

Hautnah dran an den Flughafenbetrieb kommen Sie bei einer Flughafenführung mit einer Rundfahrt über das Gelände, Einblick in Starts, Landungen, Tankvorgänge, Push-back etc. Meist wird auch die Bremenhalle (s. o.) besucht.

Treffpunkt: Infopoint, Abflughalle, Flughafenallee, City Airport Bremen, www.airport-bremen.de, Tram 6 Airport, 1., 3. So/Monat 10 Uhr, 13 €, Schüler 6 €, Anmeldung (Name, Anschrift bzw. Kartenerwerb über Flughafen-Website). Teils (s. Website) auch Nachtführungen, 20.30 Uhr.

Flugfieber 3

Flugsimulator Airbus A320

Karte 5

Die perfekte Illusion, als Pilot unterwegs zu sein, bieten Flugsimulatoren. In Bremen steht das Originalcockpit eines Airbus A320 (vormals in Diensten der Air France) für dieses Erlebnis bereit. Nach einer Instruktion (20 Min.) durch einen ausgebildeten Piloten übernimmt man das Cockpit – als Zweierteam je 30 Min. als Pilot und 30 Min. als Copilot, allein 60 Min. als Pilot. Das Reiseziel kann aus einer Datenbank mit Tausenden Flugplätzen ausgewählt werden. Vielleicht wollten Sie immer schon mal nach Hawaii, New York oder Beijing (Peking)? Auf die – hoffentlich sichere – Landung folgt eine Nachbesprechung.

1. Etage, Terminal 3, City Airport Bremen. Tram 6 Airport, Infos/Buchung: Bremer Touristik-Zentrale (► S. 110). www.bremen-tourismus.de, tgl. n. V., 60 Min. Flug, Gesamtdauer ca. 1,5 Std., 1–2 Pers. 189 €, ein Beobachterplatz ist für 20 € zubuchbar.

Schwerelos auf der Erde

Fallturm Bremen 🕮 J 1

146 m ragt Bremens viertes Wahrzeichen mit seiner Glasspitze in den Himmel: der Fallturm Bremen, der 1990 in Betrieb ging. Er gehört zum ZARM, dem Zentrum für angewandte Raumfahrttechnologie und Mikrogravitation der Universität Bremen, das Prof. Dr. Hans J. Rath 1985 gründete und bis zu seinem Tod 2012 leitete. Beim Fallturm handelt es sich um ein erdgebundenes Labor zur Forschung unter Weltraumbedingungen. Kapseln mit einem Gewicht von bis zu 500 kg, bepackt mit Experimentaufbauten, Videokameras, Computern etc. werden in 119 m Höhe im Turm abgeworfen und ermöglichen eine Experimentierzeit unter Schwerelosigkeit von 4,74 Sek. Seit 2004 kann per Katapult die Versuchszeit verdoppelt werden. Beim Katapult handelt es sich um eine durch Luftdruckunterschied und hydraulische Kontrolle betriebene Abschussvorrichtung für die Versuchskapsel. Im Rahmen einer Führung (Maschinenhalle, Abbremsraum/Fallrohr, Kontrollzentrum) erfährt man, in welchen Forschungsfeldern das Institut und insbesondere der Fallturm tätig sind, warum und welche Fragestellungen hier unter Quasi-Schwerelosigkeit untersucht werden.

Manch einer sagt, der Fallturm zeige den Bremern, wo's lang geht – nach oben (auch wenn drinnen alles runter›fällt‹).

F
FALLTURM

Heirat geplant? Eine Feier im kleinen Kreis? Eine Besprechung? Zwar ist der Besuch der Turmspitze des Fallturms Bremen im Rahmen einer normalen Führung betriebsbedingt nicht möglich – aber man kann sie buchen (Mo–Fr ab 19 Uhr, Sa/So ganztags). Sa/So sind sogar Trauungen möglich. Für die Nutzung bestehen Beschränkungen: maximal 14 Personen, striktes! Rauchverbot, Verbot von jedwedem offenen Licht, nur beschränkter Alkoholkonsum. Dennoch ist eine Veranstaltung hier oben ein besonderes Erlebnis. **ZARM:** Ansprechpartnerin Dr. Lucie-Patrizia Arndt, T 0421 218 578 17, www.zarm.uni-bremen.de, Miete 400 € (2 Std.), jede weitere Std. 100 €, darin enthalten sind die Kosten für das Sicherheitspersonal, nicht jedoch evtl. gewünschtes Konferenzequipment oder Catering.

ZARM, Am Fallturm, T 0421 218 579 00, www.zarm.uni-bremen de, Tram 6 Universität-Nord, Gruppenführung für Einzelbesucher s. Website (8 € /Pers.), Gruppen mit Voranmeldung 16–25 Pers. (8 €/Pers.), bis 15 Pers. 120 €, Schulklassen ab Klasse 9 bis 25 Pers. 75 €, Mindestalter 14 Jahre. Eine Fahrt in die Turmspitze ist aus betriebstechnischen Gründen im Rahmen einer Führung nicht möglich.

Columbus-Modul und mehr

Raumfahrtführung 🕮 Karte 5

Die BTZ bringt die Besucher zu Airbus Defense & Space in der Nähe des Flughafens Bremen. Zentraler Punkt der Führung ist das begehbare 1:1-Modell des Columbus-Moduls, dessen Original 2008 an der Internationalen Raumstation andockte und dort als Weltraumlabor und Aufenthaltsort den Astronauten zur Verfügung steht. Wie schläft man eigentlich in der Schwerelosigkeit? Wie funktioniert Alltägliches wie Waschen, Essen oder Trinken? – auch scheinbar banale Fragen werden hier beantwortet.

Infos/Buchung: Bremer Touristik-Zentrale, ► S. 110, www.bremen-tourismus.de, Treffpunkt: Domsheide (Tram 2, 3, 4, 6, 8) vor dem Eingang des Konzerthauses Glocke, Jan.–Dez. Sa 14, 16 Uhr, 16,90 €, Kinder 10 (Mindestalter)–17 Jahre 13,90 € inkl. Transfer zu Airbus Defense & Space und retour, Dauer 2 Std. Achtung: Personalausweis/Reisepass zwingend! erforderlich, Teilnehmer aus Nicht-EU-Ländern benötigen u. U. eine Sondergenehmigung.

Auf zu den Sternen 1

Olbers-Planetarium 🕮 E/F 6

Die Hochschule Bremen betreibt das Olbers-Planetarium, das meist besuchte 6-m-Planetarium Deutschlands. Hier finden regelmäßig öffentliche Vorträge und Sternbeobachtungen statt. Es gibt auch besondere Veranstaltungen für Kinder. Das aktuelle Programm finden Sie auf der Website.

Werderstr. 73, http://planetarium.hs-bremen.de, Tram 4, 6, 8 Wilhelm-Kaisen-Brücke, 5/4 €

Auf zu den Sternen 2

Telescopium 🕮 Karte 5

An der Grenze zwischen Bremen und Lilienthal wurde direkt an der Wümme (auf Lilienthaler Grund und Boden) auf private Initiative 2015 das Telescopium Lilienthal, der Nachbau eines Fernrohrs aus dem 18. Jh., eingeweiht. Der Hintergrund: In Lilienthal wirkte ab dem Jahr 1782 der Amtmann und Astronom Johann Hieronymus Schroeter. Schon 1785 baute er eine erste kleine Sternwarte und 1793 schließlich mit dem 27-füßigen Spiegelteleskop die damals größte auf dem europäischen Kontinent. Schroeter gilt als Begründer der Wissenschaft zur Erforschung der Mondoberfläche. Die Besucher werden im gegenüber liegenden Borgfelder Landhaus in die Astronomie-Geschichte Lilienthals, in Bau und Funktion des Fernrohrs eingeführt. Anschließend erfolgt in Kleingruppen der Besuch der Beobachtungsgalerie des Observatoriums – ggf. mit Beobachtung von Himmelskörpern.

Borgfelder Allee gegenüber der Einmündung Warfer Landstr., www.telescopium-lilienthal.de, Tram 4 Truperdeich, Besichtigung derzeit nur nach Absprache, 11 € (inkl. Verzehrbon zu 3 €), 6–14 Jahre 5,50 € (inkl. Verzehrbon zu 1,50 €)

Auf den Spuren von Kaffee und Bier

Bremer Kaufleute handeln seit Langem mit Genussmitteln, Ludwig Roselius erfand in Bremen den koffeinfreien Kaffee. Kleine Röstereien halten neben der Großindustrie diese Tradition in der Stadt am Leben. Und auch die Braukunst hat ihren festen Platz in der Stadt.

Denkt man an Norddeutschland, denkt man vielleicht zuerst an Tee, der auch in Bremen Tradition hat – doch nicht zuletzt sind hier Kaffee und Bier zu Hause.
Viele kennen Kaffee HAG, ab 1907 im Holzhafen als erster koffeinfreier Kaffee hergestellt. Der zweite bekannte Name ist Jacobs. 1907 gründete Johann Jacobs die Kaffeerösterei. Beide Unternehmen sind inzwischen im Mondelez-Konzern aufgegangen, nur noch wenige, kleine Betriebe pflegen die handwerkliche Produktion.
Und auch Bier hat in der Hansestadt Tradition. Da gab es z. B. die Rungesche Brauerei, die spätere St.-Pauli-Brauerei, in der Bleicherstraße, in der ab 1864 Heinrich Beck als Braumeister arbeitete – der Gründer von Beck & Co. 1748 waren in Bremen noch 35 Brauereien aktiv – heute, neben der Großbrauerei, weniger als eine Handvoll handwerkliche Betriebe.

Handwerklich gebraut

Freie Brau Union Bremen D 2
Im historischen Backsteinensemble der alten Union-Brauerei werden heute Craft-Biere produziert. Mit Braugasthaus.
Theodorstr. 12/13, Walle, T 0421 89 82 16-0, www.brauerei-bremen.de, Tram 2, 10 Gustavstraße, Führung mit Verkostung (1 Std.), April–Nov. Do 18, Fr 17 Uhr, 11 €, Buchung über die BTZ, www.bremen-tourismus.de; Braugasthof Mo–Fr ab 16, Sa/So, Fei ab 12 Uhr

Großbrauerei

Beck & Co. (AB InBev)
Karte 2, D 5
Die traditionsreiche Brauerei Beck & Co. versteht sich (noch) als Botschafter Bremens in der Welt.
Am Deich 18/19, T 0421 50 94 55 55, www.becks.de/besucherzentrum, Tram 1, 2, 3 Am Brill, Führung mit Verkostung (2 Std., mind. 20 Pers.) Mo–Mi 13, 15, 16.30, Do–Sa 10, 11.30, 13, 15, 16.30, 18 Uhr, 11,90 €, Anmeldung erforderlich, Mindestalter 16 Jahre, festes Schuhwerk

Nachhaltig

Cross Coffee außerhalb A 1
Hier wird mit nur wenigen Kaffeesorten gearbeitet, bezogen von kleinbäuerlichen Vereinigungen – mit Blick auf soziale und ökologische Nachhaltigkeit. Geröstet wird im Trommelröster. Die zugehörige Kaffeeschule Bremen bietet Kaffeeseminare an.
Use Akschen 91, T 0421 794 95 90, www.crosscoffee.de, Tram 2, 3, 10 Use Akschen, Werksverkauf Fr 16–18 Uhr, Seminar Kaffee-Entdecker: 2,5 Std., 45 €/Pers. (4–8 Teilnehmer), Termine s. www.kaffeeschule-bremen.de

Familientradition

Kaffeerösterei Münchhausen
Karte 2, D/E 5
In der ältesten, noch heute im Familienbesitz befindlichen Rösterei Bremens lernt man nicht nur manches über Kaffeeanbau, -aufbereitung und -veredelung, sondern auch über die Geschichte Bremens als Kaffeestadt.
Geeren 24, T 0421 121 00, www.muenchhausen-kaffee.de, Tram 1, 2, 3 Am Brill, Tram 2, 3 Radio Bremen, Mo–Fr 10–12.30 Uhr, Führung 15 € (Termine s. Website bzw. n. V.)

Minirösterei

Kaffee & Tee Hemken Karte 3, F 6
► S. 60

Alter Kaffee-HAG-Standort

Lloyd Caffee B 2
► S. 52

Pause. Einfach mal abschalten

Bremen ist eine grüne Stadt. Neben Bürgerpark und Stadtwald (► S. 62) gibt es viele kleine und große Parks, die zu Spaziergang und Relaxen einladen. Doch auch auf Strandgefühle muss man im Sommer selbst mitten in der Stadt nicht verzichten, fließt da doch die Weser …

Heckentheater

Heinekens Park außerhalb M 2/3
Senator Johann Heinekens ließ den Park 1832–37 u. a. von Wilhelm Benque anlegen. Ins Auge fällt das Heckentheater aus Hainbuchen. Der Park ist nur teilweise der Öffentlichkeit zugänglich, der Bereich mit dem Herrenhaus von 1790/1871 privat. Das Hofmeierhaus birgt die Galerie Mönch.

Oberneulander Landstr., Oberneuland, Tram 4 Horn, dann Bus 33, 34 Kapitän-König-Weg

Lindenrondell

Höpkens Ruh außerhalb M 2/3
1877 vermachte der Bremer Kaufmann Johann Höpken den 1799–1825 angelegten, 7 ha großen Park der Stadt. Gewundene Wege, Hügel, Teiche und Bäche, ein Lindenrondell und eine Eichenallee machen ihn zu einem Kleinod.

Oberneulander Landstr. 69, Oberneuland, Tram 4 Horn, dann Bus 33, 34 Höpkens Ruh

O
OCHSEN

Früher war es in Bremen Brauch, anlässlich des Freimarkts bunt geschmückte Ochsen durch die Stadt zu treiben und zugunsten des Hospitals des Franziskanerklosters zu schlachten. Kloster und Krankenhaus gibt es nicht mehr, nur die Kirche St. Johann im Schnoor erinnert noch daran – und Carl Steinhäusers Marmorvase in den Wallanlagen: **»Klosterochsen-Umzug«.**

Sommer in Lesmona

Knoops Park Karte 4
Schon der **Bahnhof St. Magnus** ist mit Ludwig Knoop (1821–94) verbunden, der durch Tuch- und Teppichfabriken zu Wohlstand gelangte. Ihn wie andere Bremer Kaufleute zog es ans Lesumufer, wo auf dem Geesthang ab dem 19. Jh. Villen entstanden. Knoop schuf sich eine eigene Infrastruktur mit Bahnhof, Schloss (abgerissen), Park, Villen für die Töchter, Wasserturm und Bootsanleger. Vom Bahnhof St. Magnus aus folgt man dem Raschenkampsweg und spaziert, noch auf einer Straße, schon durch den 65 ha großen Park. Ecke Raschenkampsweg/Auf dem Hohen Ufer steht **Haus Kränholm** (www.kraenholm.de) von 1897. Erbaut für Wilhelm Kulenkampff, der mit einer Knoop-Tochter verheiratet war, wurde es 1971, um ein Geschoss verkürzt, hierher verlegt und inzwischen saniert (Gastronomie, Kulturevents). Oberhalb der Lesum stehen **Haus Schotteck** und die **Villa Lesmona** mit kleinem **Skulpturenpark.** Der Name Lesmona wurde durch die verfilmte Briefsammlung Magdalene Paulis (geb. Melchers; Pseud. Marga Berck, »Sommer in Lesmona«) bekannt. Ihrer Familie gehörte die Villa bis 1882. Immer wieder tun sich Blicke auf die Lesum und das Stahlwerk am anderen Ufer auf – Natur- trifft Industrieromantik.

St. Magnus, RB Bhf St. Magnus

Erinnerung an große Bremer

Riensberger Friedhof J 3
Den parkähnlichen Friedhof mit See und Wasserlauf gestaltete Wilhelm Benque Ende des 19. Jh. Hier ruhen u. a. Bremer Persönlichkeiten wie der Flugzeug-

bauer Heinrich Focke, die Bürgermeister Johann Smidt und Wilhelm Kaisen, der Kaffeekaufmann Ludwig Roselius und Bundespräsident Karl Carstens. Besonders sehenswerte Grabmale säumen das nördliche bzw. nordöstliche Seeufer.

Eingänge: Friedhofstr., Riensberger Str., H.-H. Meier-Allee, Tram 6 H.-H.-Meier-Allee, Tram 4 Friedhofstraße, tgl. ab 8 Uhr

Azaleen, Rhododendren und mehr

Rhododendronpark und botanika 🕮 L/M 3

Der Park geht zurück auf einen Wildpark mit Wasserläufen und Baumbestand, den der Kaufmann Willy Rickmers Ende des 18. Jh. anlegte. Ab 1936 wurden Rhododendren und Azaleen gepflanzt. Der Park mit seinem Baumbestand, den gewaltigen Rhododendren, dem **Stein- und Heidegarten,** dem **Botanischen** sowie dem **Rosengarten** lohnt immer einen Besuch. Ein Traum ist er zur Zeit der **Rhododendronblüte** (ca. April–Juli, Hochblüte Mitte/Ende Mai–Juni). Die **botanika** führt in die Vielfalt der Pflanzen und deren Fähigkeiten ein. Außerdem: Himalaya-Landschaft, Berg-Regenwald Borneos und japanischer Steingarten.

Markusallee 60 (Haupteingang)/Deliusweg 40, www.botanica-bremen.de, Tram 4 Bürgermeister-Spitta-Allee oder Horn, dann Bus 31 Rhododendron-Park, Park immer, Botanischer Garten tgl. 7 Uhr bis Sonnenuntergang (Eintritt frei), botanika Mo–Fr 9–18, Sa/So, Fei 10–18 Uhr, 10,50 €, 4–17 Jahre 5 €, Familie 26/18 €

Kunst, Wasser und Grün

Wallanlagen 🕮 Karte 2, D 4–F 6

Rund um die der Weser abgewandte Seite der Altstadt zieht sich der Park auf dem Areal der Gräben und Wallmauern, die die Stadt einst schützten. 1803 entstand der Promenadenpark, wobei der Stadtgraben erhalten blieb. Attraktiv und zentrumsnah ist der Bereich vom östlichen Ende bei der **Altmannshöhe** mit Ehrenmal bis zur (Kaffee) **Mühle am Wall** am Herdentor (von 1833, heute Restaurant-Café), wo auch diverse **Skulpturen** aufgestellt wurden, darunter ein Denkmal für den Arzt und Astronomen Wilhelm Olbers (1758–1840), das Mahnmal »Erinnern für die Zukunft – Lidice« (Jürgen Waller, 1989), »Die Liegende« von Gerhard Marcks und Carl Steinhäusers Marmorvase mit dem »Klosterochsen-Umzug«.

Tram 2, 3 Theater am Goetheplatz, 4, 6, 8 Herdentor

Surfen gefällig?

Stadtwaldsee (Unisee) 🕮 G 1

Der Unisee ist nicht nur bei Studenten sehr beliebt. Es gibt einen Einstieg für Surfer (Kurse bei Charchulla: www.surfshop-charchulla.de, Schnupperkurs 40 €), eine DLRG-Station und am Rand des angrenzenden Campingplatzes ein Restaurant.

Bus 22 Munte, Bus 28 (Anschluss Tram 6 Universität-Süd) Campingplatz

Nach dem Trubel der Pariser Weltausstellung (1927) hat der Wisent im Rhododendronpark Ruhe gefunden.

Zwischen Tradition und Individualität

Man muss nur wissen, wo und wie man sein Haupt zur Ruhe betten möchte. Nah am Getriebe des Viertels oder der Schlachte, etwas ruhiger mit dem Charme hansestädtischer Gediegenheit, individuell in künstlerischer Atmosphäre – oder vielleicht doch die Gelegenheit nutzen und sich von Wellen in den Schlaf wiegen lassen?

In Bremen ist inzwischen das Gros der internationalen Ketten vertreten. Die Hoteliers haben das Potenzial der Stadt erkannt und in verschiedenen Segmenten ihre Häuser eröffnet. Daneben haben sich in den vergangenen Jahren modern designte Newcomer etabliert, nach dem Motto ›Budget, aber hip‹, die durch Lage, Gestaltung und Preis überzeugen, aber eine wirklich persönliche Note missen lassen. Spannender sind da individuelle Apartments, kleine Refugien, geschaffen und betrieben insbesondere von Künstlerinnen oder in der Kunst- und Kulturszene engagierten Frauen, oder eine Übernachtung mit Wellengang.

Das Schöne: Viele Unterkünfte finden sich im Innenstadtbereich, sodass man viele Sights zu Fuß (oder per Rad) erreichen kann. Und etwas vom Zentrum entfernt liegende Unterkünfte sind zumeist dank Straßenbahn nur Minuten vom Stadtzentrum entfernt.

Weniger schön: die Tourismusabgabe bei nicht beruflich bedingten Übernachtungen (1,07–3,21 €/Pers./Nacht), die zusätzlich anfällt.

Ein bisschen Kunst, persönliches Ambiente …

ZUM SELBST ENTDECKEN

Eine Super-**Übersicht** über alle Unterkunftsmöglichkeiten in der Hansestadt bietet die Website der Bremer Tourist-Information (www.bremen-tourismus.de/bremen-hotels). Hier finden sich Hostels, Hotels, Pensionen, Apartments etc. gegliedert nach Art (z. B. kleine Privathotels), nach Themen (z. B. Radfahren, Wellness) oder auch unter dem Aspekt ›Barrierefrei‹. Großteils mit Buchungsmöglichkeit, sonst mit Kontaktinfos der Unterkünfte.

Von Bremern für Bremer: Die Atlanticgruppe (www.atlantic-hotels.de) bietet modern-stylische (angenehm das Atlantic Hotel Universum am Technologiepark oder das edle Atlantic Grand im Zentrum), die Kelber-Gruppe (www.hotelgruppe-kelber.de) gediegene Hotels in bremischen Häusern und Villen.

WOHNEN MIT KUNST

Künstlerinnenapartments
Der Kunstsalon D 2
Die Malerin Petra Heitkötter bietet in Walle am Rand der Überseestadt Zimmer und Apartments an. In ruhigen Seitenstraßen im alten Arbeiter- und Hafenviertel rund um ihre eigene Wohnung sind die Zimmer und Gastwohnungen (Kunstsalon, Timos, Dependance de Arte, Conarte, Artista und Picassa) individuell, mit Liebe zum Detail gestaltet. Natürlich haben auch die Arbeiten der Künstlerin hier ihren Platz (zu erwerben). Meist vermietet sie ab drei Nächten, kürzere Aufenthalte sind auf Anfrage – gegen Aufschlag – ggf. möglich. Zwingend: Vorabbuchung! Die jeweiligen Schlüssel erhält man normalerweise bei ihr im Kunstsalon und geht dann gemeinsam zur gebuchten Unterkunft.
Helgolander Str. 56, Walle, T 0421 758 00, www.kuenstlerwohnung.de, Tram 2, 10 Gustavstraße, Apartments für 1–5 Pers., DZ 55–80 €

Lässig und bunt
Arte P 73 – Gästehaus 1 D 6
Petra Wittenberg vermietet in der Neustadt Zimmer und Ferienwohnungen. Die Gästezimmer im selben Haus wie ihr Café Frida liegen an der – verkehrsberuhigten – Hauptschlagader des Flüsseviertels. Manko: für die sich auf die erste und zweite Etage verteilenden vier Zimmer gibt es nur zwei Duschbäder und zwei Klos (im 2. Stock). Alternative: die im Umkreis von 500 m gelegenen Ferienwohnungen. Eine bunte, freundliche Adresse mit einem Hauch Kunst im neuen ›Viertel‹. Mitten im Stadtzentrum liegt ihr **Gästehaus 2** (Karte 2, F 5). Zwingend: Vorabbuchung!
Pappelstr. 73, Neustadt, T 01520 179 92 64, www.artep73.de, Tram 1, 8 Pappelstraße, DZ 59 € (mind. 2 Übernachtungen), auch Ferienwohnungen; Gästehaus 2, Violenstr. 17, DZ 65 € (bei 1 Übernachtung zzgl. 10 €, nur kurzfristig buchbar)

Urlaub mitten in der Stadt
Gästeträume Karte 3, G 6
Im Sommer 2000 hat alles begonnen. Tara Kaiser richtete das erste ihrer Gästeapartments ein. Es hieß (und heißt) Toskana. Alle Apartments tragen den Namen eines ihrer Traumreiseziele – oft war sie selbst schon da, manchmal träumt sie nur davon. Und lässt ihre Gäste teilhaben. Individuell eingerichtet, manches antik, vieles handmade nach dem Motto aus alt mach neu, mit künstlerischen Details. Neben den Wohnungen im ›Viertel‹ bietet sie auch in Findorff Unterkünfte an. Zwingend: Vorabbuchung!
Sielwall 80, Viertel, T 0421 331 34 55, 0179 320 47 77, www.gaestetraeume.de, Apartments/Zimmer für 1–12 Pers., Apartment für 2 Pers. 65–120 €, Kaffee, Tee vorhanden

DESIGN MEETS BUDGET

Design zum moderaten Preis
prizeotel Bremen-City: F 4
Hell, fast hypermodern, mit mutigen Farbklecksen – das 127-Zimmer-Haus bezeichnet sich selbst als Budget-Designhotel. Die Zimmer haben 180x200er-Betten, teils nur einen Kofferbock, keinen Kleiderschrank, dafür Flatscreen-TV, iPhone/iPod-Anschlüsse, WLAN, Regenwalddusche etc.
Theodor-Heuss-Allee 12, Bürgerweide, T 0421 222 21 00, www.prizeotel.com, Haltestelle Hbf, Bus 25 Theodor-Heuss-Allee, DZ ab 59–ca. 120 € (je nach Saison und Buchungsvorlauf), Frühstück 10 €/Pers.

Modern, uninah und basic
7things J 2
Die erfahrenen Bremer Hoteliers der Familie Pauls haben den Bedarf und Geist der Zeit erkannt. Schick, funktional – nicht nur nah an Stadtwald/Bürgerpark und Universum Science Center, sondern auch direkt im Technologiepark Uni Bremen haben sie dieses Hotel eröffnet. 89 helle, modern gestylte Zimmer im ebensolchen Hotel. Snacks und Drinks werden in der Hotellounge angeboten. Kostenloses WLAN im gesamten Haus.
Universitätsallee 4, T 0421 69 67 73 77, www.7things-hotel.de, Tram 6 Universität-Süd, Bus 22, 28 Wiener Straße, DZ 73 € (Bett 1,50 m)–96 € (Bett 1,80 m), Frühstück 6,50 €/Pers.

MIT SINN FÜR TRADITION

Zu Gast in einem Bürgerhaus

Buthmann im Zentrum Karte 2, F 5
Die kleine Hotelpension wird nun von Gasthaus Hostel & Hotel betrieben. Die umfassende Renovierung hat die Zimmer in dem Haus von 1900 auf modernen Stand gebracht. Klar und freundlich eingerichtet, bieten sie auch gratis WLAN. Frühstück im **GastHaus Hotel** (selber Betreiber) nebenan.

Löningstr. 29, Mitte, T 0421 223 80 57, www.hotel-buthmann.de, Tram 1, 4, 10 Rembertistraße, Tram 4, 10 Am Dobben, DZ 72–92 € (ggf. Messeaufschlag), GastHaus Hotel: Löningstr. 30, DZ 79–84 €; Frühstück 7,50 €/Pers.

Gepflegt, persönlich

Lichtsinn am Park Karte 2, F 5
Komfortables, familiär geführtes Haus nahe den Wallanlagen. Die Zimmer, teils mit Balkon, sind stilvoll und individuell mit alten Möbeln eingerichtet. Die Nr. 17 bietet zwar keinen Balkon, dafür aber ein Himmelbett. Herr Lichtsinn und sein Team freuen sich über viele Stammgäste. Fast großbürgerlicher Frühstücksraum mit kleinen Kristalllüstern. Gratis WLAN.

Rembertistr. 11, Mitte, T 0421 36 80 70, www.hotel-lichtsinn.de, Tram 1, 4, 10 Rembertistraße, DZ/ÜF 115 €

In Bremens guter Stube

Boutique Hotel Classico
Karte 2, E 6
Das Boutiquehotel besticht mit dezent gestalteten Themenzimmern. Vielleicht möchten Sie unter einem roten Baldachin in Paris schlummern (Moulin Rouge) oder von Kinoklassikern träumen (Cinema)? Im Erdgeschoss befindet sich das Kaffeehaus Classico, wo man à la carte (nicht nur) frühstücken kann. Übrigens gibt's zum Frühstück Milch vom regionalen Biohof Dehlwes, Kaffee von der lokalen Rösterei Lloyd und auch laktosefreie Milch ist erhältlich. All das findet sich vis-à-vis vom Bremer Rathaus, eine Lage, wie sie besser nicht sein könnte.

Hinter dem Schütting 1a (Eingang auch: Am Markt 17, Kaffeehaus Classico), Mitte, T 0421 24 40 08 67, www.hotel-classico-bremen.de, Tram 2, 3, 4, 6, 8 Domsheide, 2, 3, Obernstraße, DZ ab 99 €, Frühstück ab 4,50 € zzgl. Getränk

DAS BESONDERE

Traumhafte Kaufmannsvilla

Villa Linnenschmidt H 4
In der privat geführten, eleganten Backsteinvilla (4 Sterne) mit weißen Säulen warten sechs großzügige Zimmer und zwei Suiten mit edlen Materialien in gebrochenem Weiß und Braun auf die Gäste. Frisch-stilvoller Frühstücksraum mit Terrasse. Das gesamte Haus zeugt von Geschmack und verspricht einen entspannten Aufenthalt. Wer in der Nähe essen möchte: Gleich gegenüber gibt es mit dem **Ristorante Papageno** (T 0421 34 67 09 49, www.papagenoristorante.de, Mo–Fr 12–15, 18–23, Sa, Fei 18–23 Uhr, Pizza/Pasta 6–15,50 €, Fleisch/Fisch 14,50–24,50 €) einen netten Italiener.

Schwachhauser Heerstr. 157, Schwachhausen, T 0421 56 34 83 87 (Rezeption 7–20 Uhr), www.villa-linnenschmidt.de, Tram 1, 4 Metzer Straße, DZ 154–194 €

Allein zu zweit im Schnoor

Hochzeitshaus Karte 2, E 6
Immer für einen romantischen Aufenthalt gut, nicht nur für Hochzeitspaare. Erbaut um das Jahr 1800, greift das winzige Haus (48 m^2) die mittelalterliche Tradition der Hochzeitshäuser auf, in denen früher Paare, die zur Heirat in die Stadt kamen, nächtigen konnten. Hier im Schnoor ist das Haus zugleich die ganze Suite: mit Pantryküche im Erdgeschoss, einer gemütlichen Sofaecke und Bad mit Whirlpool im ersten Stock, im Dachgeschoss das Schlafgemach mit Himmelbett – und der Blick in den Serenadenhof des Katzen-Cafés. Frühstück in einem Café in der Nähe.

Wüste Stätte 5, Schnoor, T 0176 57 84 95 91, www.hochzeitshaus-bremen.de, Tram 2, 3, 4, 6, 8 Domsheide, Haus/2 Pers. 349 € (bei mehr als 1 Nacht wird es ein wenig günstiger)

SCHLAFEN AN BORD – VON EINFACH BIS STILVOLL

Wer das Erlebnis Stadt am Fluss komplettieren möchte, kann in Bremen an Bord übernachten – in Vegesack und an der Schlachte mit ihren vielen Ausgehmöglichkeiten.

Schulschiff Deutschland Karte 4
Der Großsegler (25 Segel) diente zunächst der Ausbildung des seemännischen Nachwuchses für die Handelsschifffahrt, dann bis 2001 der Marine zu Ausbildungszwecken und als Unterkunft. Heute ist er zu besichtigen (► S. 79) und das Übernachten an Bord ist möglich: in Kammern mit je 2 (Etagen-)Kojen – Bettwäsche und Handtücher sind da, beziehen muss man seine Koje selbst. Gemeinschaftsduschen und -toiletten. Luxuriöser ist die Kapitänssuite mit eigenem Duschbad. Frühstück an Bord nur ab zehn Schlafgästen, sonst in einem Café gegenüber (bei Buchung mit Frühstück: Gutschein).
Zum Alten Speicher 15, T 0421 658 73 73, www.schulschiff-deutschland.de, RB, Bus 71, 74, 75, 76 Bhf Vegesack, Schiff ab Martinianleger (www.hal-oever.de), Doppelkabine 48 €, mit Frühstück 64 €, Kapitänssuite/ÜF 150 €

Die Weser Karte 2, D 5
Gruppen können auf dem Jugendherbergsschiff Die Weser preisgünstig übernachten. Frühstück in der JH.
Schlachte-Anleger 8, Buchung: JH Bremen (Kalkstr. 6, T 0421 16 38 20, http://nordwesten.jugendherberge.de), Tram 1, 2, 3 Am Brill, Tram 2, 3 Radio Bremen, Schiff 1 Nacht 435 €, 2–3 Nächte 420 €/Nacht, ab 4 Nächten 395 €/Nacht, Frühstück (Pflicht) 5 €/Pers.

Alexander von Humboldt
Karte 2, E 6
Der aus der Werbung bekannte Großsegler dient heute als Hotel- und Restaurantschiff. 9 Doppel-, 5 Vierbettkabinen, jeweils mit Etagenbetten, stehen an Bord zur Verfügung.
► S. 43, Doppelkabine/ÜF ab 88 € (Einzelbelegung ab 65 €), Viererkabine/ÜF ab 44 €/Bett/Pers.

Perle Karte 2, E 5
Das Hotelschiff der Bremer Hotelgruppe Kelber (► S. 86), ein umgebautes Fahrgastschiff von 1948, bietet zwei Kabinen (20 m², 35 m²) mit Terrasse und Bad, ein gemeinschaftlich nutzbares Sonnendeck und Bar (Selbstbedienung). Bei Ankunft am Schiff ruft man an (s. u.) und erhält dann einen Code für den Schlüsselkasten. Morgens wird das Frühstück an Bord zubereitet.
Schlachte-Anleger 3a, T 0421 33 65 98 50, www.hotelschiff-perle-bremen.de, Tram 1, 2, 3 Am Brill, DZ/ÜF ab 124/164 €

Nedeva Karte 2, E 5
Ein Highlight ist die stilvolle Yacht Nedeva (► S. 43; Abb. o.) mit fünf Doppelkabinen (drei mit Bad en suite). Mahagoni und Vertäfelungen im Stil der Belle Époque erwarten die Gäste. Die Rezeption bitte mindestens 30 Min. vor Ankunft informieren. Die Yacht kann auch für Feiern, Konferenzen etc. gechartert werden.
Schlachte-Anleger 3b, T 0421 340 61 30, 0151 15 77 39 13, www.ppcharter.com, Tram 1, 2, 3 Am Brill, Bus 25 Martinistraße, DZ ab ca. 100–160 €, Frühstück 15 €/Pers.

Pinkel!? Hör und les ich richtig?

Im Winter, da schaudert's den Ortsfremden beim Blick auf Bremer Speisekarten, steht da doch (Braun-)Kohl und – Pinkel! Nicht das einzige deftige Traditionsgericht, das die hiesige Küche kennt. In Bremen kommt der **Braunkohl** (Grünkohl, Krauskohl), der erst nach Frosteinwirkung sein richtiges Aroma entfaltet, mit Pinkel (Grützwurst mit Rindertalg/Schweineschmalz, Speckstückchen, Pfeffer, Salz, Nelken, Piment), Speck, Kassler(nacken) und Mettenden (grobe, geräucherte Kochwurst) auf den Tisch. Deftig, fettig – definitiv nichts für Vegetarier.

Doch sei's drum, die Bremer Gastroszene ist bunt – von Bratwurststand und Dönerbude über Multikulti- und Szene- bis zum Edellokal. Auch fehlt's nicht an Vegetarischem, Veganem – und Fisch.

Bremen hat ein breites Spektrum an Imbissen und Imbisslokalen: typisch deutsche mit Bratwurst und mehr, die üblichen Verdächtigen der Burger-Kultur, asiatische und nicht zuletzt griechische, vorderasiatische bzw. türkische. Nur Sterneküche gibt es nicht (mehr).

Kaum scheint die Sonne, genießen die Bewohner des ›kühlen Nordens‹ die angenehmen Temperaturen und sitzen im Freien: auf dem Marktplatz, an der Schlachte oder im Bürgerpark … Mittlerweile finden sich stadtweit Restaurants, Kneipen und Cafés mit Terrassen oder zumindest ein paar Tischen vor der Tür. Der Norden wird mediterran.

Kohl mit allem, was dazugehört

ZUM SELBST ENTDECKEN

Lokale, Kneipen, Imbisse jedweder Couleur und Preisklasse finden sich im Viertel rund um Ostertorsteinweg, Sielwall und Vor dem Steintor. Hier geht niemand hungrig weg. Und an Bremens Ausgehmeile Schlachte reiht sich Lokal an Bar an Lokal. Im Bereich der touristischen Hotspots Markt, Böttcherstraße und Schnoor liegen ebenfalls viele – gern auch etwas gehobenere – Restaurants.

SO BEGINNT EIN GUTER TAG IN BREMEN

Vom Abstinenzlerhaus zum Szenetreff

Café Ambiente G 6

Das Äußere überrascht: Direkt am Weserbogen, am Rand des Viertels und kurz vor dem Weserstadion, liegt ein dreigeschossiger, von Glas dominierter Bau von 1929 – das Café Ambiente. Im Wintergarten mit herrlichem Blick auf die Weser lässt sich hier genussvoll frühstücken – ob Low Budget, französisch, italienisch … oder Schlemmerfrühstück mit Sekt. Kaffee gibt es auch mit laktosefreier oder Sojamilch. Bis 1983 wurde hier übrigens kein Alkohol ausgeschenkt, war es doch ursprünglich ein Ottilie-Hoffmann-Haus. Die Bremer Kaufmannstochter und Pädagogin war nicht nur Frauenrechtlerin, sondern engagierte sich auch in der Abstinenzbewegung, die in Bremen alkoholfreie Speisehäuser eröffnen ließ, darunter das heutige Café Ambiente. Umweltbewusstsein beweisen heute die Solaranlage, die Luftanlage mit Wärmerückgewinnung etc. Das Lokal ist auch tagsüber und abends ein beliebter Treff.

Osterdeich 69a, T 0421 498 95 08, www.cafe-ambiente.de, tgl. ab 9 Uhr (open end), Frühstück bis 15 Uhr, ab 3,90 €, Gerichte 8,20–14,20 €

Für Langschläfer

Piano Karte 3, G 6

Ein Hotspot im Viertel, nicht nur zum Frühstücken, ist das urig-gemütliche Piano, allerdings – anders als der Name suggerieren könnte – nichts für Aufwachmuffel. Hier ist immer was los, hier trifft sich die Viertelszene zum Quatschen, (angeregtem) Chillen etc., gern auch vor dem Haus. Für die Sportlich-Gesundheitsbewussten gibt's ein Jogger-Frühstück (8,60 €), wer es üppiger mag, ordert das Große Frühstück (10,80 €). Auch ein veganes Frühstück (8,20 €) ist im Angebot. Man kann aber auch einfach nur ein Croissant bestellen. Baguettes, Pizza, Pasta, Rollos, Salat und mehr.

Fehrfeld 64, Viertel, T 0421 785 46, http://cafepiano.de, Tram 2, 3, 10 Sielwall, Frühstück Mo–Fr 9–16, Sa/So, Fei 9–17 Uhr, ab 4,90 €, warme Küche Mo–Do, So 9–23, Fr/Sa bis 24 Uhr, ca. 7–14 €

Frankreich meets Bremen und umzu

Café Heinrich Karte 2, F 5

In der edlen Contrescarpe, jener gebogenen Straße längs der Wallanlagen, frühstückt es sich entspannt auf Lederbänken. Hier bekommt man leckere Croissants, Baguette, himmlischen Käse, Salami und mehr. Und dazu natürlich Café au lait, Latte Macchiato, Espresso. In der Bistroküche finden bevorzugt regionale Produkte Verwendung, etwa Bio-Ziegenkäse aus Asendorf oder Bio-Steinofenbrot aus Hollen.

Contrescarpe 45, Ecke Richtweg/Rembertistr., Ostertor/Fedelhören, T 0421 330 68 04, Tram 4, 6, 8 Herdentor, 1, 4, 10 Rembertistraße, Mo–Fr 10–20, Sa 11–18 Uhr

Bio trifft Kunst

Canova Karte 2, F 6

In (an der Rückseite) der Bremer Kunsthalle lässt sich erst einmal mit Blick auf die Wallanlagen – bei schönem Wetter, so ein Terrassentisch frei ist, quasi mitten drin – entspannt der Tag beginnen. Und das mit einem der vielen, bestechend komponierten Frühstücke. Hier findet man Bioprodukte aus der Region: Dehlwes-Milchprodukte, luftgetrockneten Meersalzschinken vom Bunten Bentheimer-Bioschwein, hausgebeizte Ahlhorner Lachsforelle, Warper Wasserbüffel-Camembert – oder Eggs Benedict Canova Style. Übrigens auch ansonsten empfehlenswert, gibt es doch einen kreativen Mittagstisch (vielleicht haben Sie Lust auf Merguez vom Weserlamm?) – und eine anspruchsvolle Speisekarte mit entsprechenden Preisen.

Am Wall 207, T 0421 244 07 08, www.canova-bremen.de, Tram 2, 3 Theater am Goetheplatz, Di–Sa ab 10, open end, So 10–18, Frühstück Di–Sa 10–12 (7,50–13,90 €), So Büfett 10–14 (26,90 €, bis 10 Jahre 13,50 €), Mittagstisch Di–Sa 12–15.30 (Suppe, Hauptgericht 8,90–22,90 €), à la carte tgl. 12–22 Uhr (8,90–28,90 €)

Bagels beim Findorffmarkt

Feliz F 3

Der Findorffmarkt ist der vielleicht schönste Bremer Markt, auf dem der Schwerpunkt dazu auf Bio- und Regionalprodukten liegt. Und in der Straße dahinter liegt das Feliz. Ein Bummel – und davor oder danach frühstücken! Beliebt sind die Bagels (die gibt's bis 15 oder 16 Uhr, 4,50–4,80 €), dazu im Angebot hausgemachte Kuchen, Mittagstisch und kleine Speisen. Außenterrasse.

Neukirchstr. 44, Findorff, T 0421 20 81 54 34, www.feliz-bremen.de, Bus 26, 27 Eickedorfer Straße, Mo 10–18, Di, Do, Sa 9–23, Mo, Mi, Fr, So 10–23 Uhr, Frühstück Mo–Fr bis 12, Sa/So bis 13, 3,50–8,80 €, Küche 12–15, 17.30–22 Uhr

WO ESSEN AUF NACHHALTIGKEIT TRIFFT

Eis-Experimente, auch vegan

Eislabor H 6 und Karte 3, G 6

Klar gibt es hier auch klassisches Eis, vor allem aber wird mutig experimentiert – eventuell ist Himbeere mit Lakritz im Angebot oder gar Joghurt mit Schwarzbrot. Nur Mut! Immer auch vegane Sorten.

Am Schwarzen Meer 152, Hulsberg, T 0421 835 62 19, Tram 2, 10 St. Jürgenstraße, Am Hulsberg, Sommer 11–19, Winter Fr–So 14–18 Uhr, Filiale Vor dem Steintor 31, Tram 2, 3, 10 Sielwall, tgl. Sommer 10–22, Nebensaison 11–18/19 Uhr, Nov.–Febr. geschl.

Charmantes Biobistro

Lei Karte 3, G 6

In ihrem netten Bistro – blanke, dunkle Holztische gruppieren sich, etwas eng gestellt, vor einer backsteinernen Wand – serviert Romana Krasnowski nicht nur einen guten Mittagstisch, natürlich bio. By the way, denken Sie an meine Einleitung – ab und an steht hier sogar vegane Pinkel auf der Tageskarte, etwa zu einem Sauerkrautauflauf. Hab sie selbst aber noch nicht probiert, sorry. Schöne Salate, interessante Suppen und leckere Steinofenpizza mit wirklich dünnem Boden, z. B. mit Datteln, Paprika, Cherrytomaten.

Sielwall 55/57, Viertel, T 0421 17 51 10 11, http://lei-bremen.de, Tram 2, 3, 10 Sielwall, Mo–Fr ab 9, warme Küche 12–21 Uhr, um 10 €

Typisch Findorff

Lilie E 3

Im kleinen Lokal mitten im lebendigen Findorffer Zentrum sind die Flammkuchen (vegan steht zwar keiner auf der Karte, ist aber zu bekommen, einfach fragen) beliebt. Daneben gibt es Suppen, Salate und wechselnde Wochengerichte. Draußen stehen ein paar Tische und Stühle. Drinnen gibt es immer wieder kleine Ausstellungen Bremer Künstler. Sämtlicher Wein stammt aus kontrolliertem biologischen Anbau, darunter je ein veganer Weiß- und Rotwein. In der wärmeren Jahreszeit öffnet die Lilie mit dem **Port Piet** (F 3) ihren Biergarten direkt am Torfhafen.

Lilie: Hemmstr. 159, Ecke Lilienthaler Str., Findorff, T 0421 566 29 67, www.lilie-bremen.de, Bus 25 Lohmannstraße, Bus 25, 26, 27, 28 Hemmstraße, So–Do 10–max. 2, Fr/Sa 10 Uhr, open end, Frühstück 10–12, So Brunch 10–14 Uhr, Wochengerichte 8,40–13,90 € (Mo–Fr 12–15 Uhr 20 % Rabatt), Flammkuchen 6,90–12,90 €; Port Piet: am Torfhafen, Findorff, T 0421 376 89 53, www.portpiet.de, Bus 26, 27 Findorffallee, ca. Mitte April–Herbst, bei gutem Wetter So–Fr ab 11, Sa ab 10 Uhr

Vegetarisch, vegan, japanisch

Zen Karte 2, F 6

Im alten Polizeihaus Am Wall steht ein Baumhaus – und darunter gibt es, ein Novum in Bremen, vegetarische und vegane japanische Küche: insbesondere Reisgerichte, aber auch (Nudel-)Suppen, Salate und Wagashi (kleine süße oder salzige Leckereien) kann man probieren. Der reine Geschmack der frischen Zutaten, die schonende Zubereitung, die sanfte Würzung, so typisch für die japanische Küche, werden hier unter Verzicht auf Fisch und Fleisch modern interpretiert.

Am Wall 201, Mitte, T 0421 16 16 56 81, http://wache6.de, Tram 2, 3, 4, 6, 8 Domsheide, 2, 3 Theater am Goetheplatz, Mo/Di, Do/Fr 11–20, Mi, Sa 12–20 Uhr, Mittagstisch 8–8,50 €

Vegetarisch, vegan, chinesisch

Vegefarm H 6

So geht chinesische Küche auch! In minimalistischem Ambiente – viel Weiß, etwas helles Holz und hier und da ein hellgrüner Akzent – servieren die taiwanesischen

Essen und Feiern am Europahafen, das Hansen

Besitzer überzeugende Gerichte – ganz ohne Fleisch oder Fisch, auch wenn die Karte Rindfleischbällchen, Hühnerschenkel oder Heilbutt etc. bestimmen. Aber das hat Tradition: In China haben vegetarische Gerichte meist fleischige Namen … Um den geneigten Westler nicht zu sehr zu irritieren, steht im Menü der Vegefarm stets das Wörtchen vegetarisch dabei. Viele Zutaten haben Bioqualität.

Hamburger Str. 45/47, Viertel, T 0421 70 86 96 60, www.restaurant.vegefarm.de, Tram 3 Weserstadion, Di–Sa 12–23, So, Fei 17–23 Uhr, Mittagsmenü 7,50–8,50 €, um 10–15 €.

Indisch-bio

Krishna Karte 2, D 6

Der Inder in der Neustadt überzeugt mit frischen Produkten aus ökologischem Anbau. Große Auswahl an vegetarischen Gerichten. Keine Angst vor indischer Schärfe – der Gast wird gefragt.

Große Annenstr. 52–54, T 0421 52 27 99 39, www.indisches-bio-restaurant.de, Tram 1, 8E Westerstraße, tgl. 17–23 Uhr, Vegetarisches 10–14,90 €, Geflügel, Fisch und Fleisch 13,90–18,90 €

Modern, biologisch, regional

Hansen C 4

Junge frische Küche lautet das Motto des modern und klar gestylten Hansen direkt am Europahafen (mit Außensitzplätzen). Die Küche serviert deutsche Küche mit internationalen Einflüssen, wobei viel Wert auf biologische und regionale Zutaten gelegt wird, ob bei Büffel-Camembert oder Schweinehaxe, Fisch oder Steak. Hier merkt man einmal mehr – die Überseestadt wird szenig.

Newport, Konsul-Smidt-Str. 8M, Überseestadt, T 0421 43 18 08 08, www.hansen-restaurant.de, Tram 3 Eduard-Schopf-Allee, warme Küche Di–So 12–14.30, 18–22 Uhr, 14,50–26,50 €, Mittagsgerichte und Snacks um 7–12,50 €

Institutionen und Szenetreffs

Im Welterbe speisen

Bremer Ratskeller Karte 2, E 5

Im Ratskeller bekommt man Bremer Knipp, Labskaus oder Flammkuchen, aber auch Pannfisch, Hühnchen oder Steak – und das in der Hauptschank-

Eine echte Institution in Bremen ist der Ratskeller mit seiner Gewölbehalle.

halle oder intimer in den Priölken (wer wissen will, was das ist, lese im Kapitel übers Rathaus nach). Im historischen Ratskeller ist die Küche nicht von gestern, auf der Karte finden sich laktose- oder glutenfreie Speisen und eine Auswahl veganer und vegetarischer Gerichte. Neben deutschen Weinen wird – man hat das einst eherne Ratskellergesetz gebrochen – auch Bier ausgeschenkt.

Am Markt, T 0421 32 16 76, www.ratskeller-bremen.de, Tram 2, 3 Obernstraße, tgl. 11–24, Küche 12–14.30, 18–22, kleinere Speisenauswahl 14.30–18, 22–23.30 Uhr, Gerichte 8,50–23,50 €, Mittagstisch Mo–Fr 12–15 Uhr 8,50–10,50 €

Zwischen Rhein und Weser

Ständige Vertretung im Flett (StäV) Karte 2, E 6

Schon der Gastraum lohnt einen Besuch. Wer unter den Holzbalken und der bemalten Decke sitzt, sollte unbedingt die Politgrößen-Bildergalerie an den Wänden betrachten. Die Karte folgt dem StäV-Konzept: rheinische Spezialitäten, regionale Gerichte (Knipp, Labskaus, Pannfisch), Flammkuchen, Altkanzlerfilet (Currywurst) und mehr. Einige vegetarische Gerichte. Zu trinken gibt es natürlich Kölsch, aber auch Pils und Wein.

Haus St. Petrus, Böttcherstr. 3–5, T 0421 32 09 95, www.staev.de, Tram 2, 3 Obernstraße, 2, 3, 4, 6, 8 Domsheide, Mo–Do, So 11.30–24, Fr/Sa 11.30–1 Uhr, warme Küche bis 22, Mittagstisch Mo–Fr 11.30–15 Uhr (6,50 €), Flammkuchen ab 8,50 €, Hauptgerichte 8,90–25,90 €

Gediegen maritim

Havenhaus Karte 4

Im Havenhaus, der Ursprungsbau wurde in den letzten Jahren des Dreißigjährigen Krieges als Amtshaus des Hafenmeisters errichtet, speist man in gediegen-maritimem Flair gehoben-gutbürgerlich. Passend zum Hafen gibt es Fisch, von der Scholle bis zum Edelfischteller. Doch auch Fleischiges wie Kalbsleber oder Rinderfilet und Deftiges wie Knipp oder Seemannsteller kommen in üppigen Portionen auf den Tisch. Kleine Auswahl an vegetarischen Gerichten (8,50–9,80 €). Außenplätze zum Wasser hin.

Am Vegesacker Hafen 12, T 0421 66 40 93, www.hotel-havenhaus.de, RB Bhf Vegesack, Hal-över-Schiff ab Martinianleger bis Vegesack, Küche 12–14.30 (Mittagstisch ab 9,80 €),

18–22.30 Uhr, nachmittags Café, im Sommer Terrasse ab 11 Uhr, 9,80–25,50 €

Von Uniszene bis …

Haus am Walde H 1

Hier treffen sich Unileute, Leute aus dem Technologiepark, Familien mit Kindern, Spaziergänger etc. Besonders beliebt sind der Thekenraum mit wunderschönen alten Holztischen und die große Terrasse mitten in einem großen Garten (in der Saison Biergarten, Konzerte). Aber was wäre das, ohne leckeres Essen – mit nachhaltigen, regionalen Zutaten und einer zusätzlichen saisonalen Karte – und gute Getränke? Toller Vorspeisenteller (9,20 €), schöne Salate. Ein Ort, um sich wohlzufühlen, zu entspannen. Auch leckerer, hausgebackener Kuchen (ab 14 Uhr).

Kuhgraben 2, T 0421 21 27 65, www.hausamwalde-bremen.de, Bus Munte, Wiener Straße, tgl. ab 9 Uhr, Frühstück 9–13, Hauptkarte 12–15, 18–22, kleine Karte 12–23 Uhr, Salate 11,50–17,80 €, Rustikales 7,80–18,50 €, Pasta 14–17,50 €, Fleisch/Fisch um 19–27,50 €, Mo–Fr Mittagstisch 7,90/9,90 €

Verwinkelt im Schnoor

Katzen-Café Karte 2, E 6

Manch einer sagt, ohne hier gewesen zu sein (und sei es nachmittags zu Kaffee, Kuchen oder Eis), war man nicht in Bremen. Man betritt das Lokal über einen schmalen Gang, der zum kleinen, tiefer liegenden Innenhof der Restauration führt. Verwinkelt wie der Schnoor ist auch das Katzen-Café, das sich über mehrere Häuschen verteilt. Die Küche, von der Basis her traditionell französisch ohne Chichi, bietet ein breites Spektrum von Tatar de Chef oder Jakobsmuscheln asiatisch bei den Vorspeisen bis zu Fisch frisch vom Markt oder Lammcarrée als Hauptgericht. Angegliedert ist das Sushi-Restaurant **Toshido,** das neben klassischen Sashimi und Sushi vor allem ›Fusion‹-Sushi der Pazifikküche anbietet.

Katzen-Café: Schnoor 38, T 0421 32 66 21, www.katzen-cafe.de, Tram 2, 3, 4, 6, 8 Domsheide, tgl. 12–24 Uhr, Küche 12–15, 18–23 Uhr, 17,50–32,50 €; Toshido: www.toshi-do.de, Di–Sa 18–23, Do/Fr auch 12–15 Uhr, Nigiri/Maki Sushi ab 5 €, (pazifische) Sushi ab 12,50 €

Historisches Landhaus

Jürgenshof J 7

Seit 1810, damals wurde das heutige Bauernhaus erbaut, befindet sich hier eine ›Schankstätte‹. Heute speist man in einem Kaminraum mit Holzbalkendecke, alten Türen und Gemälden oder auf der Terrasse mit Blick in die Pauliner Marsch. Hier kann man von Knipp über Labskaus bis zu Nordseekrabben oder Matjes herzhaft-deftige regionale oder gutbürgerlich-gehobene Küche (weißer Heilbutt, Maishähnchen, Filetsteak vom Wiesenrind) genießen. Auch vegane und vegetarische Gerichte. Abends reservieren!

Pauliner Marsch 1, T 0421 44 10 37, www.juergenshof.com, Tram 3 Georg-Bitter-Straße, dann 10–15 Min. zu Fuß, tgl. ab 9, Küche 12–21.30 Uhr, Veggie 16–17 €, herzhaft-deftig 14,50–21 €, gehoben 24,50–35 €

Business meets Politics

Topaz Karte 2, E 5

In Bistroambiente werden hier Speisen von hohem Niveau (zu entsprechenden Preisen) serviert, die auch die rund um den Marktplatz Tätigen aus Politik und Wirtschaft zu schätzen wissen. So sind immer Austern auf der Karte, aber man findet auch Boudin Noir (als Zwischengang deklariert) oder einen Giant Bacon Cheeseburger neben Eismeerforelle oder Dry Age Striploin. Glücklicherweise gibt es auch einen erschwinglichen Mittagstisch. Exzellente Weinkarte.

Ü ÜBRIGENS

Was den Berlinern und den Ruhrpöttlern ihre Currywurst ist den Bremern die **Bratwurst** vom Rost oder aus der Pfanne. Uneins ist man sich nur, ob die Wurst von Kiefert oder von Stockhinger am besten schmeckt. Den direkten Vergleich kann man am Liebfrauenkirchhof (Karte 2, E 5) machen, wo beide mit einem Imbiss vertreten sind.

FISCHERS FRITZ FISCHT FRISCHE FISCHE

Wöhlke's Fischerkörbchen J 4
Verstecken muss es sich nicht, hübsch und mit Liebe eingerichtet, verbirgt sich dieses Lokal im hinteren Bereich des Fischgeschäfts – und hat sogar eine überdachte Terrasse. Das hier der Fisch frisch auf den Tisch kommt, erklärt sich damit von selbst. Man kann zwar bei Regina Wöhlke meist nur mittags essen, aber warum nicht nach einem Spaziergang über den Riensberger Friedhof im Fischerkörbchen hier einkehren. Von der hausgemachten Fischfrikadelle mit Kartoffelsalat (4 €) über gedünsteten oder gebratenen Fisch in dünner Panade gibt es leckeren Fisch zum kleinen Preis.
Friedhofstr. 29, Riensberg, T 0421 223 56 33, www.fisch-woelhke.de, Tram 4 Friedhofstraße, Mittagstisch Di–Fr 11–14, Sa 11–13 Uhr, 4–11,90 €, 1. Do/Monat 18–22 Uhr Fisch zum Sattessen

Friesenhof: Karte 2, E 6
Im lichten Restaurant mit maritim-friesischen Elementen werden Fisch- und Fleischgerichte, aber auch regionale Spezialitäten wie Knipp mit Bratkartoffeln, Kutterscholle oder – zur Saison – Kohl und Pinkel etc. serviert.
Hinter dem Schütting 12/13, T 0421 337 66 66, www.friesenhof-bremen.de, Tram 2, 3, 4, 6, 8 Domsheide, Mo–Fr ab 11.30, Sa/So ab 11 Uhr (warme Küche bis max. 23 Uhr), Fisch 8,90–17,90 €, Fleischiges 9,90–21,90 €, Mittagstisch 12–15 Uhr um 6–9 €

Knurrhahn Karte 2, E 5
Bremens ältestes Fischrestaurant, ziemlich rustikal-altbacken im Interieur, aber frischen Fisch gibt's hier, ebenso wie eingelegten: Grüne Heringe oder Matjesfilet, Backfisch oder eine ganze Kutterscholle, ob Büsumer Art mit frischen Nordseekrabben oder Finkenwerder Art mit Speck und Zwiebeln.
Schüsselkorb 32/33, T 0421 32 31 28, www.fischrestaurant-knurrhahn.de, Tram 4, 6, 8 Schüsselkorb, Mo–Mi 11–19, Do–Sa 11–20, So 11.30–16 Uhr, 9,50–19,50 €

Grätenfish J 4
Klein und edel kommt der Grätenfish daher, dabei trotzdem gemütlich mit Holz und Grün und Rot. Hier wird Fisch puristisch zubereitet, für Qualität und Frische garantieren Inhaber und Lieferant gleichermaßen. Nachhaltig wird auch gedacht – so gibt es (kostenlos, still oder sprudelnd) Leitungswasser zu Speisen und Getränken dazu. Wenn Nudeln eine Rolle spielen, so kommen sie von der Antonett Briese Nudelfaktur (Demeter-zertifiziert) aus Lilienthal. Der Fisch: edel, z. B. Kingklip, Dorade, Petersfisch – auch Austern stehen auf der Karte. Das hat natürlich seinen Preis.
Schwachhauser Heerstr. 281, Schwachhausen, T 0421 64 91 93 93, www.graetenfish.de, Tram 4 Friedhofstraße, Mi-Mo 18–23 Uhr, Austern (1= 4 €, 6 = 21 €, 12= 36 €), Gerichte 23–26 €, vegetarische Überraschung 18 €

Kontorhaus, Langenstr. 2–4, T 0421 776 25, www.topaz-bremen.de, Tram 2, 3 Obernstraße, 2, 3, 4, 6, 8 Domsheide, Küche Mo–Sa 12–21.30 Uhr, 14,50–26,50 €, Mittagstisch Mo–Fr 11,90–14,90 €

EXPERIMENTIERFREUDIG UND UNGEWÖHNLICH

Currys im Beduinenzelt

Kamayan H 6
Wie in einem Beduinenzelt mitten in der Wüste fühlt man sich hier: sandbedeckter Boden, ein Himmel aus Stoffbahnen, niedrige Tische mit Sitzkissen (auch einige ›normale‹ mit Stühlen). Currys, z. B. aus Indien oder Thailand, manchmal auch karibisch oder afrikanisch, bestimmen die monatlich wechselnde Karte (auch vegetarisch oder vegan). Junge, freundliche Bedienung und entsprechende Gäste. An jedem letzten Samstag im Monat findet ein Themenabend statt, das kann etwa eine nepalesische, eine afrikanische oder eine philippinische Nacht sein– natürlich immer mit landestypischen Speisen. Sehr beliebt.

Am Hulsberg 1, T 0421 84 73 70 75, www.kamayan.de, Tram 2, 10 Am Hulsberg, Di–So ab 18 Uhr, 9,90 €

Einmal im Monat äthiopisch

Novazena D 6

Das Novazena hat sich hochwertigen Produkten verschrieben, viele aus biologischem Anbau. Zum Salzen wird ausschließlich Himalajasalz verwendet. Spannend ist das Äthiopische Büfett am ersten Samstagabend im Monat. Zum dünnen Injera-Fladen gibt es dann eine bunte Mischung landestypischer Gerichte auf der Basis von Rind, Lamm, Huhn oder Gemüse. Natürlich bekommt man hier Biokaffee, äthiopischen Tee und vegetarische Gerichte. Terrasse.

Neustadtswall 81, T 0421 959 77 77, www.novazena.de, Tram 4 Theater am Leibnizplatz, Mo–Fr 9–23.30, Sa/So 10–21, Mittagstisch Mo–Fr 12–15 Uhr, 6,70 €

Mein Lieblingsitaliener

Gallo Nero Karte 2, E 5

Auch wenn die Betreiberfamilie aus Istrien stammt – italienischer geht es kaum, vor allem im Sommer, wenn man draußen auf der Heimlichenstraße sitzt. Köstliche Speisen zu fairen Preisen und schöne Weine. Wunderbarer Vorspeisenteller (14,50 €) mit Antipasti, Vitello Tonnato, Carpaccio und gratinierter Jakobsmuschel. Und dann: hausgemachte Pasta, Fisch oder Fleisch. Unbedingt auf die Tagestafel schauen, die immer für eine Überraschung gut sind. Bei Unschlüssigkeit, beraten lassen! Das Credo: Küche auf hohem Niveau zu nicht abgehobenen Preisen in netter Atmosphäre.

Heimlichenstr. 1, T 0421 957 99 58, Tram 1, 2, 3 Am Brill, Bus 25 Martinistraße, Mo–Sa 11.30–14.30, 17.30–24 Uhr, Pasta ab ca. 14 €, Gerichte um 20–26 €

Klein, angesagt und exzellent

Küche 13 Karte 3, F 6

Das kleine Restaurant mit kleiner, feiner Karte hat sich seinen Platz in der Viertelgastronomie erkocht. In der offenen Küche werden die Speisen (wöchentlich wechselnd) frisch zubereitet: Mal gibt es Loup de Mer, mal Bavettesteak mit Portweinjus oder Spargelrisotto – selbstverständlich wird auch auf saisonale Zutaten geachtet. Man speist an rustikal-dunklen Holztischen. Frühzeitig reservieren.

Beim Steinernen Kreuz 13, T 0421 20 82 47 21, www.kueche13.de, Tram 2, 3 Wulwesstraße, Di–Sa ab 18, Küche bis 23 Uhr, um 15–25 €

Kleine Experimente im alten Speicher

Port im Speicher XI B 3

Im Hafenspeicher mit der Hochschule für Künste wird klassisch, mit Mut zu aparten Variationen gekocht. Die Küche ist frisch, manchmal braucht man etwas Geduld, die Gerichte sind lecker – ob Steinpilzravioli, rosa gegrillter Thunfisch im Sesammantel mit Wasabi-Kartoffelstampf und Asiagemüse (keine Garantie, dass gerade dies auf der Karte steht, denn die wechselt regelmäßig) oder ein Steak, ebenso wie der Port Burger schon Klassiker. Ich wüsste niemanden, der das Restaurant unzufrieden verlassen hätte. Immer stehen übrigens auch Currys auf der Karte. Mittags wird ein preiswertes Büfett angeboten.

Am Speicher XI, T 0421 61 94 10, www.port-speicherxi.de, Bus 20 Speicher XI, Mo–Sa 11.30–23.30, So 10–22 Uhr, 9,50–31 €, Mittagsbüfett Mo–Fr 12–15 Uhr, 7,90 €, So Brunch 12–14 Uhr, 18,50 €

K KOHLTOUR

Wer Bremen in der kalten Jahreszeit besucht, begegnet womöglich einer munteren Truppe dick vermummter Menschen, die, um einen vollgeladenen Bollerwagen geschart, eine kleine Wanderung unternehmen. Und wenn diese dann stehen bleiben und ein jeder einen um den Hals hängenden Schnapsbecher zückt, ist dies nicht weiter bedenklich: Man ist auf **Kohltour.** Nach einem kürzeren oder längeren Gang geht es im Anschluss in ein Privathaus oder ein Restaurant, wo dann zünftig Kohl und Pinkel gespeist wird.

Schräg, alternativ, schick

Es gibt da so ein Vorurteil: Wer in Bremen wohnt und shoppen will, muss nach Hamburg fahren. Stimmt nicht! Man muss nur wissen, was und wo. Oder sich einfach treiben und überraschen lassen. Zugegeben, das ›**Viertel**‹ irritiert: keine Fußgängerzone, dafür Verkehr, keine cleane Einkaufsmeile, dafür eine spezielle Atmo zwischen chaotisch, graffitigeprägt, alternativ und sub. Hier sitzen neben alteingessenen Geschäften, pfiffige Modeboutiquen gemixt mit Schuh-, Schmuck- und anderen Lädchen für jeden Geldbeutel und jeden Geschmack: von abgefahren über einfach nur schräg bis edel. Und im nahen **Fedelhören** gesellt sich zu den Antikläden immer mehr Mode – zumeist von Bremer Modeschöpferinnen. Irgendwie passt das – Bremen, zwischen (kleiner) Groß- und Weltstadt. In der Modeszene tut sich was.

Falls Schmuddelwetter herrscht in Bremen (das ist weniger oft der Fall, als mancher meint), kann man auf die Einkaufspassagen in der City zurückgreifen: Lloydpassage, Katharinenklosterhof und Domshofpassage oder die Straße Am Wall mit teils überdachten Bürgersteigen. Und dann wär da noch die **Waterfront** (▶ S. 52, www.waterfront-bremen.de, Tram 3 Use Akschen) – das Einkaufszentrum im Norden der Überseestadt, dessen Äußeres an ein gelandetes Ufo erinnert (sollte mal ein Space Park werden …). Hier gibt's zwar nur die üblichen Kettenläden, aber von Mode bis Krimskrams bekommt man so ziemlich alles – und das direkt an der Weser.

Einkaufsstraße mit Sauen (Söge/Soghe) – Sögestraße

ZUM SELBST ENTDECKEN

Im Bereich **Ostertor** und **Steintor** lohnt es sich zu stöbern. Hier findet man alles von Mode, Schmuck, Büchern, Kunst und Kunsthandwerk, von Haushaltswaren bis zu Genussmitteln.

Wer auf der Suche nach Souvenirs ist und auch Kurioses zu schätzen weiß, der sollte in **Böttcherstraße** und **Schnoor** die Augen offenhalten.

In der Stadtmitte reihen sich an bzw. rund um **Söge-** und **Obernstraße** und deren Passagen überwiegend die üblichen Verdächtigen, Standard in jeder Innenstadt. Aber selbst hier bestätigen Ausnahmen die Regel.

CDs, Vinyl und Noten

Noten und Musikalien

Bartels Noten Karte 2, E 6

Seit über 80 Jahren besteht diese renommierte Noten- und Musikalienhandlung. Prominente Kunden wie Gideon Kremer oder Thomas Quasthoff haben hier eingekauft. Neben Noten und Musikbüchern führt Bartels auch Materialien aus dem Popbereich. Die Firma ist bereit für aufwendige Recherchen.

Wachtstr. 18, www.bartelsnoten.de, Tram 2, 3, 4, 6, 8 Domsheide, Mo–Fr 9.30–18.30, Sa 10–16 Uhr

CDs und Vinyl

Ear Vinyl & Boombastic Store Karte 3, G 6

Bei Ear kann man auch für relativ kleines Geld fündig werden, denn hier werden u. a. gebrauchte (und geprüfte) CDs angeboten. Der Boombastic Store ist auf Schallplatten im Bereich Drum 'n' Bass, HipHop, Reggae, Funk und Soul spezialisiert.

Vor dem Steintor 104, Tram 2, 3, 10 Brunnenstraße, Mo–Fr 12–19, Sa 11–16 Uhr

Delikatessen und Lebensmittel

Von Hand mit Liebe gemacht

Bremer Bonbon Manufaktur Karte 2, E 6

Sabine Marquardt ist fasziniert von der traditionellen Bonbonherstellung, von alten Rezepten und dem Modeln. Sie können bei der Herstellung zuschauen und Bonbons in unzähligen Geschmacksrichtungen – von fruchtig-frisch bis chilli-scharf – oder auch Lollis mit den Bremer Stadtmusikanten kaufen. Sie wollen selbst Bonschen (so heißen Bonbons in Bremen) machen: Es gibt auch Kurse. Da heißt es dann: kneten und ziehen, rollen und pressen.

Handwerkerhof, Böttcherstr. 8, www.bremer-bonbon-manufaktur.de, Tram 2, 3, 4, 6, 8 Domsheide, Tram 2, 3, Obernstraße, Mo–Sa 11–18, April–Sept. auch So 12–17 Uhr

Bremer Klaben

Café Knigge Karte 2, E 5

Das Traditionscafé Knigge hat den für mich besten Klaben – Hefeteig, Butter, Rosinen … – der Stadt. Ähnlich dem weihnachtlichen Stollen ist er einige Zeit haltbar. Bei Knigge bekommen Sie Klaben abgepackt im Ganzen, in Stücken, in Scheiben. Eine weitere Spezialität des Hauses und auch gut zum Mitnehmen geeignet: Baumkuchen. Wenn Sie hier schon mal sind – die Kapuzinertorte und die Grand-Marnier-Torte schmecken mir besonders gut. Auch Plätzchen, Schokoladen etc. gibt es aus eigener Fertigung.

Sögestr. 42/44, T 0421 137 13, www.cafe-knigge.de, Tram 4, 6, 8 Herdentor, Mo–Sa 9–18.30, So 11–18 Uhr

Tee

Das Teeparadies Karte 2, E 5

Nicht nur wer bei Schrader Tees, Spezialitäten oder Accessoires bestellt, kann im Laden in der Stammstadt der Firma Paul Schrader GmbH & Co. KG selber stöbern.

Spitzenkiel 14, www.paul-schrader.de, Tram 1 Am Wall, Mo–Fr 10–18, Sa 10–14 Uhr

Tee-Handels-Kontor Bremen Karte 2, E 5

Die blau-weißen Tüten sind das Markenzeichen. Tee in allen Variationen, gute Beratung.

Katharinenstr. 7/Domshofpassage, Tram 4, 6, 8 Schüsselkorb, auch in der Böttcherstr. 7 (Karte 2, E 6), Tram 2, 3, 4, 6, 8 Domsheide, Mo–Fr 10–19, Sa 10–18 Uhr

Viele Bio-Anbieter

Findorffmarkt E–F 3

Ein netter Wochenmarkt mit vielen Produkten aus ökologischem Anbau ganz in der Nähe des Torfhafens.

Neukirchstraße, Findorff, www.findorffmarkt-bremen.de, Bus 26, 27 Findorffallee, Eickedorfer Straße, Di, Do 8–13, Sa 8–14 Uhr

Größter Wochenmarkt
Wochenmarkt Domshof
Karte 2, E 5
Im Herzen der Stadt schwelgt man in Obst und Gemüse, Wild und Geflügel, Fisch (außer Mo), Käse und Brot etc. Auch regionale und Bioprodukte.
Domshof, Mitte, www.domshof-markt.de, Tram 4, 6, 8 Schüsselkorb, 2, 3 Obernstraße, Mo–Fr 8–14, Sa 8–15 Uhr

FLOH- UND STRASSENMÄRKTE

Immer wieder sonntags
Flohmarkt Bürgerweide F 4
Der beliebte Markt mit bis zu 600 Händlern zählt im Sommer zu den größten regelmäßigen Flohmärkten Deutschlands. Hier gibt es Antikes und Trödel jeder Art. **Achtung:** Bei schlechtem Wetter findet der Markt auch im Sommer u. U. im Herbst-/Winterquartier statt, das wird samstags ab 12 Uhr auf der Website bekannt gegeben.
Bürgerweide, Hbf Nordseite, www.breminale.de/flohmarkt.html, So 7–14 Uhr, Herbst/Winter (s. Website) Parkdeck Hansa Carré (außerhalb J 7), Pfalzburger Str. 41, Tram 3 Weserwehr

ANTIKES IM FEDELHÖREN

Im Fedelhören (Karte 2, F 5, www.fedelhören.de, Tram 1, 4, 10 Rembertistraße) finden sich neben immer mehr zahlreicheren Modeläden auch Geschäfte mit nostalgischem Trödel und Antiquitäten, darunter:

Antiquitäten Partner
ist auf Möbel, Spiegel, Prismenkristallleuchter etc. vom Ende des 18. Jh. bis zum frühen 20. Jh. spezialisiert.
Fedelhören 9, Di–Mi 15–18, Do/Fr 11–14, 15–18, Sa 11–14 Uhr

Art Deco
ist eine Fundgrube für Möbel, Lampen, Schmuck aus den 1930er- bis 1950er-Jahren.
Fedelhören 10, Mo–Fr 13–19, Sa 12–17 Uhr

Trödeln an der Schlachte
Antik- und Trödelmarkt am Weserufer Karte 2, E 5/6
Hier wird Wind und Wetter getrotzt. Zugegeben findet sich viel Ramsch, viele Klamotten, aber sei's drum. An Flair gewinnt der Markt (und wird voller), wenn ab Mai zusätzlich auf der Schlachte selbst der Kajenmarkt stattfindet (► S. 42).
Weserpromenade Bereich Tiefer/Schlachte, www.grossmarkt-bremen.de/antik_troedel_markt.html, Bus 25 Martinistraße, März–Nov. 8–14 Uhr

GESCHENKE, DESIGN, KURIOSES

Maritim von Buddelschiff bis Mode
Albers Maritim Karte 2, E 6
Albers Maritim verkauft im Schnoorviertel Segelutensilien, maritime Souvenirs von Buddelschiffen bis zu Glasenuhren sowie sportlich-maritime Kleidung von Sebago, Gant und Dalmard-Marine.
Stavendamm 7, Schnoor, www.albers-maritim.de, Tram 2, 3, 4, 6, 8 Domsheide, Di–Fr 11–17, Sa 11–16 Uhr

Papier mal anders
Atelier GAG Karte 2, E 6
Wer gerne faltet, Spaß an Papier-(Karton-)modellen, Bastelbögen aus der ganzen Welt hat, der wird hier sicher fündig – über 2000 hat der Laden im Programm.
Schnoor 31, Tram 2, 3, 4, 6, 8 Domsheide, Mo–Fr 11–18.30, Sa 11–18, Mai–Dez. auch So 11–18 Uhr

Afrika–Asien, Kunst–Kunsthandwerk
Galerie Afroasiatica Karte 2, E 6
Der sich über zwei Ebenen erstreckende schmale Laden von Ursula Stümper versetzt in andere Welten – nach Afrika und Asien. Seit über 35 Jahren hat Ursula Stümper ihre ›Curiositäten‹-Galerie im Schnoorviertel. Ob buddhistische oder hinduistische Figuren, westafrikanische Masken oder Schmuck aus dem asiatischen Raum.
Marterburg 25, Schnoor, www.afroasiatica.de, Tram 2, 3, 4, 6, 8 Domsheide, Mo–Fr 11–18, Sa 10–16 Uhr

Statt Stadtmusikanten passt auch Maritimes als Bremen-Souvenir.

Zerbrechlich
Glasmanufaktur Borgardt F 7
Begonnen in der Böttcherstraße, dann mit eigener Manufaktur im Schnoor und dann mit vollem Risiko ab in die Neustadt – wo vorläufig noch – die Laufkundschaft weniger ist. Irene Borgardt ist sich treu geblieben – und ihrem Material: Glas. Mundgeblasen oder nicht, aber immer von ihrer Hand gefertigt, gibt es filigrane Gläser und Schmuck (aus bleifreiem, superleichtem Borosilikatglas), Zierobjekte aus Natron-Kalkglas und auch Recycltes: Aus Grünglasflaschen werden, umgeformt, beschnitten und geschliffen, Gläser oder Lampen.
Buntentorsteinweg 252, www.glasmanufaktur.de, Tram 4 Kirchweg, Di 10–14, Mi/Do 10–18 Uhr

Kunsthandwerk pfiffig
RAUM Handwerk + Design
Karte 3, F 6
Da hatten Kunsthandwerker, respektive hatte Frauke Alber, eine prima Idee. Die Keramikerinnen Frauke Alber und Tanja Möwis, der Drechsler Hergen Böttcher (nicht nur seine Gewürzmühlen sind schön), die Buchbinderin und Grafikerin mit einer Vorliebe für Siebdruck, Tale Jo König – alle im Viertel ansässig – sowie der Holzgestalter Hubert Steffe aus der Neustadt stellen sieben Monate im Jahr hier ihre Arbeiten aus. Klar, modern, pfiffig. Hinzu kommen Arbeiten von Freunden aus Deutschland. Wer also zur rechten Zeit vor Ort ist, kann hier individuelle Stücke für sich selbst oder als Geschenk erwerben. Ansonsten: vielleicht im Atelier/Showroom (s. Websites) vorbeischauen.
Ostertorsteinweg 69, Viertel, www.dasviertel.de/raum-handwerk-design, www.frauke-alber.de, www.moewis-keramik.de, www.hergenboettcher.de, www.feinepapierwaren.de, www.schnittstelle2.de, Tram 2, 3 Theater am Goetheplatz, Wulwesstraße, Sept.–März Mo–Fr 11–18.30/19, Sa 11–16 Uhr

Kreativ, bunt, manchmal schräg
von Machen und Tun Karte 2, F 6
Kunsthandwerk der etwas anderen Art, aus Papier, aus Stoff …, immer wieder neu, mal nur schön, mal auch schräg. Hier finden sich kunsthandwerkliche Arbeiten von Gestaltern aus der Region.
Ostertorsteinweg 46b, Viertel, Tram 2, 3 Theater am Goetheplatz, Mo 14–18, Di–Fr 11–14, 15–18, Sa 11–16 Uhr

Das ganze Jahr ist Weihnachten
Weihnachtsträume Karte 2, F 6
Es ist schon verblüffend – drei Etagen in einem der alten Speicherhäuser an der

Marterburg sind voll mit weihnachtlichem Schmuck – bunt und stilvoll.

Marterburg 45, Schnoor, www.weihnachtstraeume.de, Tram 2, 3, 4, 6, 8 Domsheide, tgl. 10–18 Uhr

MODE, ACCESSOIRES

Bequem, schick und maßgefertigt

Cäcilie Becker Karte 2, F 5

Wer sich individuelles Schuhwerk leisten muss oder kann und will, ist im Fedelhören richtig: Cäcilie Becker fertigt exzellente Maßschuhe – und ist eine der wenigen Schuhmacherinnen, die das Handwerk ausüben. Und sie stellt weit mehr her als rein orthopädische Maßschuhe. Bei ihr kann man sich seinen Schuh ›konfigurieren‹, aus einer Vielzahl an Ledern und Farben wählen, sich Traumabsätze in unterschiedlichsten Formen fertigen lassen. Vielleicht hat man auch einen Lieblingsschuh, den man genauso oder leicht abgewandelt erneut haben möchte? Und dass dann auch noch bequemer, weil genau auf einen zugeschnitten!

Fedelhören 90, www.massschuhe-bremen.de, Tram 1, 4, 10 Rembertistraße, Di–Fr 11–14, 15–19, Sa 10–14 Uhr

Nachhaltig – Ethnomode aus Peru

El Tumi Karte 2, F 6

Dorothea Wildung lässt u. a. eigene Entwürfe in Peru umsetzen, die sie in ihrem Laden El Tumi verkauft. Hier gibt es Mode aus Pima-Baumwolle, nicht umsonst als Seide Perus bezeichnet, aus Leinen oder Baby-Alpakawolle, teils gestrickt und bestickt von Indigenas vom Titicaca-See.

Ostertorsteinweg 64, www.eltumi.de, Tram 2, 3 Theater am Goetheplatz, Mo–Fr 11–19, Sa 10–16 Uhr

Auch Er kommt nicht zu kurz

Kontrast Karte 2, F 5

Modisch, stilvoll, klassisch, verspielt – wer schicke Herrenmode zu schätzen weiß, der ist hier gut aufgehoben. Hemden von Signum, Strick von Seldom, Stylishes von Jey Cole Man, Jeans von Blue de Gênes und vieles mehr hat die Boutique im Angebot.

Fedelhören 98, www.kontrast-maennermode.com, Tram 1, 4, 10 Rembertistraße, Di–Fr 12–19, Sa 11–16 Uhr

Alter Name, moderne Dessous

Korsett Friedel Karte 3, F 6

Liest man den Namen – man ahnt es nicht. Seit 1904 (das ahnt man vielleicht

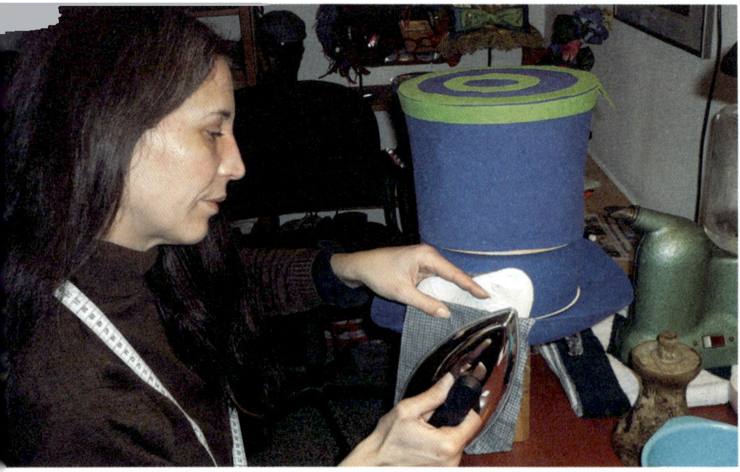

Hutmacherin in Aktion – Kay Schmitz von Hats on Stage

schon) besteht Korsett Friedel – aber ist mitnichten stehengeblieben. Dessous, Nachtwäsche, Strümpfe, Bademoden von sportlich bis elegant, von deutschen und internationalen Herstellern. Tradition verpflichtet, allemal zu guter Beratung.

Ostertorsteinweg 73, www.korsett-friedel.de, Tram 2, 3 Wulwesstraße, Mo–Fr 10–18.30, Sa 10–16 Uhr

Designerinnenkollektiv

Mode 28 Karte 2, F 5

Aus den drei Modedesignerinnen, die sich in der Bremer Neustadt unter dem Namen Stoffwechsel zusammengefunden hatten, ist inzwischen das Kollektiv Mode 28 geworden. Sechs bzw. sieben Modedesignerinnen schaffen spannende Mode aus edlen Stoffen mit tollen Dekors, mal schlicht, mal aufwendig verarbeitet. Dabei folgt jede Designerin ihrem eigenen Stil. Man kann von der Stange kaufen und selbstverständlich auch Maßanfertigungen in Auftrag geben.

Fedelhören 94, www.mode28.de, Tram 1, 4, 10 Rembertistraße, Mo–Fr 10–18.30, Sa 10–16 Uhr

Bremer Topdesign plus Vintage-Schmuck

Protoype.Schumacher Karte 2, F 5

»Kompromisslos-luxuriöse Mode«, so hat sie es selbst einmal formuliert, entwirft Sigrid Schumacher. Sie verarbeitet vor allem einen vor Jahren nach ihren Vorgaben entwickelten und Ökotex 100 zertifizierten Microfaserjersey (den inzwischen auch andere Designer wie Donna Karan oder Girbaud verwenden). Ihre Mode: bunt, jung, tragbar, trendsetzend – das haben auch darstellende Künstler erkannt (z. B. Sarah Connor oder Corinna Harfouch). In ihrer Boutique bekommt man ihre Stücke von der Stange (natürlich fertigt sie auch individuell Haute-Couture-Modelle an). Stimmig dazu ihre legendäre Auswahl an edlem Vintage-Modeschmuck der 1930er–60er-Jahre aus Europa und den USA. Das alles gibt es im Fedelhören, der kleinen Straße, die immer mehr zur Modemeile wird.

Fedelhören 99, www.prototype-schumacher.com, Tram 1, 4, 10 Rembertistraße, Am Dobben, Mo/Di, Do/Fr 11–19, Mi 14–19, Sa 11–17 Uhr

H
HÜTE

Wer hat Lust auf Hüte – für Bühnenprofis und Alltagshelden? Der sollte auf die Website von **Hats on Stage** schauen. Hats on Stage, das sind Kay Schmitz, die Kreative, und Marcus Pick, der kongeniale Partner und Koordinator. Okay, der Schwerpunkt liegt bisher auf Hüten (und anderen Accessoires) für die professionelle Bühne. Doch wird auch – und in Zukunft mehr – für AlltagsheldInnen gefertigt: schlicht, elegant oder mutig-kreativ. Das hat u. U. seinen Preis – abhängig von Zeitaufwand, Materialkosten usw. Erschwinglich bleibt es, wenn man bei den Kollektionen fündig wird – in deren Rahmen individuell gefertigt wird. Ab Sommer 2016 sind Hats on Stage mit ihrem Atelier im Fedelhören zu finden. Den neuen Laden – **Tragwerk** – betreiben sie gemeinsam mit Sabine Wagner (Kleider für Frauen, die sich trauen), Pia Leuchtmann (Schmuckobjekte) und Karl O. Mayer (Schmuck).
Karte 2, F 5, Fedelhören 93, T 0421 695 65 93, 0172 412 41 03, www.hatsonstage.eu, Tram 1, 4, 10 Rembertistraße, Mo–Fr 11–18, Sa 11–14 Uhr und n. V.

Schmuck – filigran und feminin

dorte peymann Schmuckstücke Karte 2, F 6

Die Goldschmiedin Dorte Peymann schafft wunderbar filigran-feminine Arbeiten aus Gold, Silber oder Platin mit Edelsteinen. Da greifen Blütenformen ineinander oder ein Goldstreif wickelt sich zum Ring.

Ostertorsteinweg 60, www.peymann.de, Tram 2, 3 Theater am Goetheplatz, Di–Fr 11–19, Sa 11–16 Uhr

Rau, herzlich, loungig

Bremen ist halt eine kleine Großstadt, in Norddeutschland. Es gibt keinen Fado wie in Portugal, keine Tradition von Tapasbars, kein Bummeln auf der Rambla, kein abendliches Promenieren. Doch auch in Bremen liebt man es, auszugehen und zu feiern.

Abends ist man/frau an der Schlachte unterwegs und in der einen oder anderen Seitenstraße. Hier gibt's Bars und Restaurants, Bierkneipen und im Sommer Bier›gärten‹ direkt oberhalb der Weser. Im Kommen ist die Überseestadt mit den Lokalen im Bereich des Wesertowers oder entlang des Europahafens. Und im Viertel, insbesondere im Bereich zwischen Ulrichsplatz und Sielwall und umzu, brodelt abends ebenfalls das Leben. Wobei man hier immer wieder hört, dass es doch die Schlachte ist, die das Ausgehvolk abwirbt. Nicht zuletzt seitdem die Feiermeile Auf den Höfen der Vergangenheit angehört.

Die Mischung ist bunt, von rau, aber herzlich im Eisen, über alternativ angehaucht im Litfass oder Kuß Rosa, bluesmäßig im Meisenfrei bis schick-loungig im Chilli oder Soho Club.

Und wenn Traditionsevents anstehen, die Bremer Sixdays im Januar, der Freimarkt im Herbst oder Festivals wie La Strada oder Breminale, dann gehen die Bremer so richtig aus sich raus. Dann tobt etwa der Bär in der ÖVB Arena (Sixdays), in den Zelten während des Freimarkts. Doch auch die etwas besinnlicheren Events wie Musik und Licht am Hollersee (September) sind sehr beliebt.

ZUM SELBST ENTDECKEN

In zwei innerstädtischen Bereichen häufen sich Lokale aller Art – außer Discos: im **›Viertel‹**, d. h. an den Straßen Ostertorsteinweg, Vor dem Steintor und in deren Seitenstraßen, sowie an der **Schlachte.**

Das Gros der Diskotheken konzentriert sich in Bahnhofsnähe im Bereich **Breitenweg/ Rembertiring.** Doch Augen auf, wer feiern möchte, sollte einen Blick ins Web werfen und schauen, wo Special Events stattfinden, vielleicht im Schlachthof oder Lagerhaus.

Abends im ›Viertel‹

BARS UND KNEIPEN

Handwerklich gebraut

Union Braugasthaus D 2

In dem alten Gemäuer der Unionbrauerei wird nicht nur wieder Bier gebraut – hier kann man auch die hauseigenen Craftbiere genießen. Sie fließen direkt aus den 500 l Tanks über der Theke in die Gläser der Gäste. Neben den eigenen Bieren werden auch Biere von Partnerbrauereien ausgeschenkt. Es muss ja nicht immer eine Weinprobe sein … Mit Braugarten.

Theodorstr. 12/13, Walle, T 0421 89 82 16-0, www.brauerei-bremen.de, Tram 2, 10 Gustavstraße, Mo–Fr ab 16, Sa/So, Fei ab 12 Uhr

Asian Touch, Bar, Brasserie

Chilli Club D 5

Szenig, hip, einfach angesagt, das ist der Chilli Club, asiatische Brasserie und Bar. Bei Clubmusik kann man hier in angeregter Atmosphäre bei Cocktails und Longdrinks an der Bar relaxen. Oder man nimmt an einem der vielen Tische drinnen – oder bei gutem Wetter auf der großen Terrasse an der Weser Platz und verbringt einen schönen Abend, genießt dazu moderne asiatische Küche (10–26 €): Sushi, asiatische ›Tapas‹ usw.

Am Weser-Terminal 8, T 0421 39 09 90 00, www.chilliclub.de/bremen, Tram 3 Eduard-Schopf-Allee, tgl. ab 12, open end (Küche bis 23 Uhr)

Rau, aber herzlich

Eisen Karte 3, G 6

Eine Institution im ›Viertel‹, kurz hinter der berühmt-berüchtigten Sielwall-Kreuzung gelegen, ist das eher dunkle Eisen. Obwohl, frisch renoviert, fällt das dunkle Rot an den Wänden doch ins Auge. Ein bisschen Subkultur, ein bisschen Kunst- und Musikszene, ›Viertel‹people eben, Hipster, gern auch über 30. Ab und an Konzerte, Mottopartys, Fußball: alle Spiele des FC St. Pauli und von Werder Bremen sowie alle Champions-League-Spiele. Alles, was Spaß macht.

Sielwall 9, T 0421 988 7740, Tram 2, 3, 10 Sielwall, tgl. ab 17, bei Bundesligaspielen ab 14.30 Uhr

Sehen und gesehen werden

Engel WeinCafé Karte 3, F 6

Stilvoll im wunderschönen alten Raum – über der Eingangstür findet sich noch der alte Schriftzug Engelapotheke – trifft sich die schickere ›Viertel‹szene. Tags bei Kaffee – pardon, bei Café, Cappuccino oder Latte – , abends bei einem guten Glas Wein …, um Freunde zu treffen, zu reden, zu diskutieren. A place to be (seen). Überraschend zivile Preise (Wein 0,2 l 3,90–6,50 €). Flammkuchen, Käse, Wurst und wechselnde Gerichte gibt es auch.

Ostertorsteinweg 31/33, T 0421 69 64 23 90, www.engelweincafe-bremen.de, Tram 2, 3 Wulwesstraße, Mo–Fr 9–1, Sa/So, Fei 10–1 Uhr

Kneipe, Küche, Kultur

Kuß Rosa E 7

Viertelkneipe in der Neustadt mit zusammengewürfeltem Mobiliar aus 80 Jahren, die Kegelbahn ist umgewandelt zum Ausstellungs- und Veranstaltungsraum – mit Sommergarten. Hier gibt's auch Billard und Kicker, vor allem aber immer wieder kleine Kulturevents von Lesung bis Livemusik. Kleinigkeiten zu essen: selbstverständlich überwiegend aus biologisch-ökologisch produzierten Zutaten, bevorzugt aus regionalem Anbau, immer ist auch ein vegetarisches und veganes Tagesgericht im Angebot. Das gilt auch für's Gros der Getränke.

Buntentorsteinweg 143 (neben dem Schnürschuh-Theater), T 0421 548 76 02, www.kuss-rosa.de, Tram 4 Schwankhalle, Di–Sa ab 18 Uhr

Cocktails über dem Wall

Lemon Lounge Karte 2, F 5

Augen nach oben Am Wall, denn die Bar liegt ein paar Treppen rauf! Barkultur vom Feinsten – und dabei locker. Barkeeper/-inhaber Mario Ippen und auch sein ›Ersatzmann‹ verstehen ihr Handwerk. Am Wochenende meist knallvoll, unter der Woche manchmal auch. Übrigens kann man sich per Drink

Livemusik muss nicht immer in einer Kneipe spielen.

ins Jahrzehnt seiner Wahl versetzen lassen. Bei Ratlosigkeit: Mit dem Keeper reden: Eher süß, fruchtig, sauer, gerne Whisky, Gin, Wodka, Rum … als Basis? Oder er empfiehlt seinen aktuellen Lieblingsdrink. Die ›Lady‹ Lemon Lounge hat jetzt schon ein paar Jahre auf dem Buckel, doch nichts von ihrem Charme verloren. Warme Farben, viel sanftes Rot prägen das Ambiente. Mario Ippen bietet auch – sehr begehrte und schnell ausgebuchte – Mixkurse, Whiskyseminare und Ginkurse an. Raucherbar.

Am Wall 164, T 0421 514 88 55, www.lemonlounge.de, Tram 4, 6, 8 Herdentor, ab 18 Jahre, Mo–Sa ab 18 Uhr

Wein, Kunst und Musik, alternativ

Paradiso Weinbar G 6

Gemütliche Weinkneipe mit überwiegend europäischen Weinen (0,2 l ab 3,20 €), auch Brände vom Fass (und Flaschenbier). Hier finden regelmäßig kleine Kunstausstellungen statt, ab und an Konzerte. Raucherlokal.

Vor dem Steintor 196, Viertel, T 0421 794 09 56, www.paradiso-weinbar.de, Tram 2, 3, 10 St.-Jürgen-Straße, ab 18 Jahre, tgl. ab 19 Uhr

LIVEMUSIK

Pop, Folk, Indie, Alternative

Gastfeld D 7

Livemusik gibt es nur ab und an (s. Website), aber das Gastfeld lohnt auch ohne einen Besuch. Immerhin ist es das älteste Wirtshaus (seit 1911) in der Neustadt – daran erinnert das alte Tresenregal. Und: In der Neustadt entwickelt sich das ›neue Viertel‹, woran das Gastfeld Anteil hat, als Viertelkneipe und Kulturkneipe. Neben Live-Music-Acts gibt es hier auch Lesungen und Ausstellungen.

Turmhaus, Gastfeldstr. 67, Neustadt, T 0421 55 19 15, www.gastfeld.de, Tram 6 Gastfeldstraße, Bus 26, 27 Meyerstraße, tgl. ab 17 Uhr

Nicht nur Irish Folk

Hegarty's Karte 3, F 6

Das Hegarty's versteht sich als typisch irischer Pub mit allem, was dazu gehört. Urig-gemütlich, irische Biere, über 30 Whiskeysorten, Sport auf drei Leinwänden (!) und Fr/Sa Livemusik von Folk über Rock bis Reggae. Wer ein bisschen Irlandfeeling möchte, hier klappt's. Klar gibt es auch Fingerfood, Salat, Burger, Shepherd's Pie und Fish and Chips.

Ostertorsteinweg 80, T 0421 70 12 97, www.hegartys.de, Tram 2, 3 Wulwesstraße, tgl. ab 17 Uhr

Blues und Rock 'n' Roll

Meisenfrei Karte 2, E 5

Hier spürt man den Blues. Das Meisenfrei ist eine echte Blues-(Rock'n-Roll-) Kneipe. Im angeschlossenen Meisenfrei Club treten auch internationale Größen auf. Zum Wochenende wird es hier laut und voll. Blues- (und Rock'n-Roll-)Fans kommen voll auf ihre Kosten.

Hankenstr. 18a, www.meisenfrei.de, Tram 1, 2, 3 Am Brill, Kneipe tgl. ab 15, Blues Club Mi–Sa ab 19 Uhr, Konzertbeginn meist 20/21 Uhr

TANZEN

Rock in allen Facetten und Konzerte

Aladin & Tivoli außerhalb J 6/7

Das Aladin ist gibt es zwar schon seit Urzeiten, doch beliebt ist diese Großdisco und -spielstätte für Livekonzerte wie eh und je. Hier geht es primär um Rockmusik in all seinen Schattierungen: Hardrock, Rock, Metal, Mittelalter- und Gothic-Rock. Sich etwas zurückziehen und einen Cocktail trinken kann man im ›Garten‹, so heißt der Gastrobereich mit Lounge, im Obergeschoss. Wer hier an draußen und an die Farbe Grün denkt, weit gefehlt. Sandfarben, lila, dunkelrot … Angeschlossen ist das Tivoli, das teils zusammen, teils für gesonderte Events (Konzerte, Disco) genutzt wird.

Hannoversche Str. 9–11, www.aladin-bremen.de, Tram 10 Sebaldsbrücker Bhf, durch den Eisenbahntunnel und 10 Min. zu Fuß, Fr/Sa meist 21/22 Uhr und teils auch an anderen Wochentagen, Öffnung und Eintritt je nach Event

Einlass erst ab 21

La Viva Karte 2, F 5

Stylish aufgepeppt mit Kronleuchtern, gewaltigen Discokugeln und großem Aquarium präsentiert sich das La Viva, wo Dance Classics, Partyhits, Charts und House oder aber Black, R'n'B, Crunk etc. zu hören sind. Gestylteres Publikum. Am Studentenfreitag Rock und Pop der 1990er-Jahre und aktuelle Hits querbeet.

Auf der Brake 7–21/Ecke Rembertiring, www.laviva-disco.de, Haltestelle Hbf, Fr/Sa ab 23 Uhr, Fr Studenten Eintritt frei, Sa Clubnacht 5 €

Kellerclub-Disco mit Geschichte

Lila Eule Karte 3, F 6

In den 1960er-Jahren war die Lila Eule nicht nur ein Jazzlokal, hier politisierte auch die linke Szene. Heute versteht sich der kleine Kellerclub als Musikclub mit Live Acts und DJ-Programm. Das Spektrum ist breit gefächert, mal Jazz und Soul, mal Funk, Indie oder Hip-Hop oder vom Punk beeinflusste Gruppen. Wenn donnerstags Studentennacht ist, wird hier allemal die Nacht durchgetanzt. Die Website verrät, was hier gerade so los ist, was der Eintritt kostet (3–20 €) und welche Bands live auftreten.

Bernhardstr. 10, www.lilaeule.de, Tram 2, 3, 10 Sielwall

Kult in der Neustadt

Modernes Karte 2, D 6

Das Modernes hat sich einen Namen gemacht, als Disco (verschiedene Motti) und als Veranstaltungsort für Live Acts, Theater, Comedy etc. Die Preise variieren je nach Veranstaltung, bitte auf der Website checken. Dort findet man auch die Themen der Parynächte. Wer will, kann sich Playlists vergangener Veranstaltungen ansehen. An den Wochenenden ist es wegen der Partys und Disco-Veranstaltungen ein beliebter Treff, oft sehr voll.

KINOS

Großkinos

Zentral liegt das **Cinemaxx** (Karte 2, E 4, www.cinemaxx.de) neben dem Überseemuseum. Hier werden auch 3-D-Filme (IMAX) sowie Übertragungen aus dem National Theatre London gezeigt. Das **Cinespace** (A 1, www.cinespace.de) am Rand der Überseestadt bietet u. a. den größten Kinosaal der Stadt, 3-D-Filme sowie Liveübertragungen aus Met, Bolschoi Theater, Scala oder La Fenice. Drittes im Bunde ist der **Cinestar Kristall-Palast** (Karte 5, www.cinestar.de). Ebenfalls 3-D-Filme.

Programmkinos

Die Kinos **Atlantis** (Karte 2, E 6), **Gondel** (J 4), **Schauburg** (Karte 3 G 6) und das **Cinema im Ostertor** (Karte 3, F/G 6) firmieren als die Bremer Filmkunsttheater. Informationen zu den aktuellen Programmen dieser Kinos finden sich auf der gemeinsamen Website: www.bremerfilmkunsttheater.de. Das kommunale Kino **City 46** zeigt sein meist sehr anspruchsvolles Programm inzwischen in der Birkenstraße 1 (Karte 2, F 5, www.city46.de).

Neustadtswall 28, www.modernes.de, Tram 1, 8 Hochschule Bremen, Fr/Sa Disco bzw. Party ab 23 Uhr, Konzerte, Comedy etc. s. Website

House und Electro

nff club Karte 2, E 5

Schon seit einigen Jahren eine der angesagtesten Locations in Bremen, nicht ganz preiswert. Resident-DJs legen ebenso auf wie immer wieder Spitzen-DJs aus anderen Städten. Electro und House vom Feinsten wird hier geboten. Raucherlounge mit Blick aufs Discotreiben (manchmal legt hier zusätzlich ein DJ auf). Animierte Atmosphäre.

Katharinenstr. 12–14, www.nffclub.de, Tram 4, 6, 8 Schüsselkorb, Fr/Sa ab 23 Uhr, teils Zusatztage, Eintritt je nach Event

Kleiner Kultclub

Römer Karte 3, G 6

Seit ewig beliebter kleiner Club, wo es je nach Party alles zu hören gibt – von Funk, Hip-Hop, Psychodelic, Soul, House etc.

Fehrfeld 31, www.roemer-bremen.de, Tram 2, 3, 10 Sielwall, Do ab 21 Uhr (Karaoke), Fr/Sa ab 20 oder 22 Uhr, außer bei Konzerten 0–4 €

Nicht nur für Youngster

Shagall Karte 2, F 5

Freitags heißt es Rock, rockiger Shagall – und folglich gibt's von Rock über Metal bis Alternative das eine oder andere auf die Ohren. Samstags lautet das Motto Time Warp – und aufgelegt wird nicht nur aktueller Pop, Rock und

KULTUR IN BREMEN – THEATER, OPER, TANZ, KONZERTE

Theater, Oper, Tanz

Bremens Kulturszene ist bunt. Städtischerseits ist das **Theater Bremen** zu nennen, ein Vier-Sparten-Haus mit Oper, Schauspiel, Tanz und moks (junges Theater für junge Leute und Kinder), das sich durch herausragende Inszenierungen und berühmte Namen einen guten Ruf erworben hat, den es unter dem Diktat der Sparzwänge zu bewahren gilt.

Darüber hinaus gibt es eine vielfältige **freie Theaterszene** mit unterschiedlichsten Akzentsetzungen, vom Schnürschuh-Theater, über den (Ein-Mann-)Literaturkeller bis zur Bremer Shakespeare Company. Dazu gesellen sich Kriminal-, Varieté- und Figurentheater.

Events, Festivals, Konzerte

Spannend sind aber auch die Veranstaltungen der Kulturzentren **Schlachthof** und **Lagerhaus.** Zusätzliches Leben in den Kulturalltag bringen diverse Festivals, darunter die **jazzahead!** (4 Tage April, Jazzmesse und Jazzfestival; www.jazzahead.de), **Poetry on the Road** (5 Tage Ende Mai, Literaturfestival; www.poetry-on-the-road.com), **La Strada** (4 Tage im Juni, Straßenkunstfestival; www.lastrada-bremen.de), die **Breminale** (5 Tage im Juli, Kulturfestival; www.breminale.de), das Wochenende **Sommer in Lesmona** (Sommerwochenende mit klassischer Musik und mehr, Samstagabend-Kult: die Freilichtkinovorführung des Films »Sommer in Lesmona«, basierend auf den Briefen der Bremer Kaufmannstochter Marga Berck/Magdalene Pauli; www.lesmona.de, www.kammerphilharmonie.com) und das **Musikfest Bremen** (3 Wochen ab Mitte/Ende Aug.; www.musikfest-bremen.de)

Infos im Web

Auf der Website **www.bremen.de/theater** findet man eine Übersicht über die meisten Theater in der Stadt, **www.mix-online.de** listet das Gros der Tag für Tag in Bremen stattfindenden Veranstaltungen – von Theater, über Ausstellungen, Konzerte bis Kino. Die Website des Magazins Bremer – die Stadtillustrierte, **www.bremer.de,** liefert Hintergrundinfos, verweist aber bzgl. Details dann auf die monatliche Printversion …

Nur für Freunde – Partystimmung in der House- und Electro-Location nff club

Dance. Für Leute von Anfang 20 bis in die 40er.

Rembertiring 4, www.shagall.de, Haltestelle Hbf, ab 21 Jahre, Fr/Sa, vor Fei ab 22 Uhr, 5 €

Casual-elegant

Soho Club C 4

In stylish-elegantem Ambiente wird hier im 5. Stock bei Musik von Funk und Soul über Rhythm & Blues bis Disco und mehr am Wochenende gefeiert. Ambiente und Anspruch angepasst, lautet der Kleidungsstil hier casual elegant. Dazu passt der VIP-Bereich (Tischreservierung). Entsprechende Preise.

Speicher I, Konsul-Smidt-Str. 8, Überseestadt, www.soho-bremen.de, Tram 3 Konsul-Smidt-Straße, Bus 26 Speicher I, Sa ab 23 Uhr (bitte auf der Website checken, da oft komplett gebucht), Herren 10 €, Damen außer bei Special Events 5 €

Fünf in einem

Stubu Dancehouse Karte 2, F 5

Das Stubu hat so manche Wandlung durchlaufen. Beliebt ist es geblieben, nicht zuletzt bei Studenten (Mi Eintritt frei). Im Musikkeller wird ein Mix aufgelegt: Charts, Party, House, auch mal Black, Rock und Oldies sind seltener geworden. Im Coconut Club herrscht Dschungelfieber bei Black Music. Im Skyline Club tanzt man vor allem auf House und ein bisschen Dance Classics. Im (wieder) Sixties gibt's Musik der 1980er/90er-Jahre. Zum Chillen oder Tanzen bei Salsa, Merengue etc. eignet sich die Latin Lounge.

Rembertiring 21, www.stubu.de, Haltestelle Hbf, Musikkeller Di–Sa ab 23, Coconut Do–Sa ab 23/24, Skyline, Sixties, Latin Lounge Fr/Sa ab 23 Uhr, 3–8 €

Indie, Rock, Konzerte, Poetry Slam

Tower Karte 2, F 5

Studentisch-alternatives Publikum tanzt hier je nach Tag zu unterschiedlicher Musik. Am Studentendienstag (Eintritt frei) gibt es einen bunten Mix – Punk, Pop, Rock, Rave etc. Sa Tanznacht von Indie über Rock und Brit Pop bis Electro. Auch Konzerte (meist 12–25 €). Am letzten Freitag im Monat geht's mit Slammerfilet – Poetry Slammer aus ganz Deutschland treten an – mal anders ins Wochenende.

Herdentorsteinweg 7a, www.tower-bremen.de, Haltestelle Hbf, Tram 4, 6, 8 Herdentor, Di, Fr/Sa ab 23 Uhr, Slammerfilet (letzter Fr/Monat 20, Einlass ab 19 Uhr, 6 €), Events/Konzerte s. Website

Hin & weg

ANKUNFT

Bremen ist die Stadt der kurzen Wege, so liegt selbst der Flughafen lediglich 4 km vom Stadtzentrum entfernt.
City Airport Bremen: 🗺 Karte 5
Flughafenallee, Arsten, T 0421 55 95-0 (Flughafenauskunft), www.airport-bremen.de
Mit der Tram in die Stadt: Die Straßenbahnlinie 6 verläuft vom Flughafen quer durch die Innenstadt bis zur Universität. Fahrtzeit in die Innenstadt 10 Min., zum Hauptbahnhof 17 Min., zur Uni 30 Min.
Mit dem Taxi in die Stadt: Fahrtzeit je nach Verkehrsaufkommen wie Tram oder länger. In die Innenstadt (Marktplatz) zahlt man um die 20 €, zur Uni um die 30 €.
Hauptbahnhof Bremen: 🗺 F 4/5
Am Bahnhof Nordausgang warten Taxis, zu Fuß erreicht man von hier Congress Centrum und Messe Bremen. Am Bahnhofsvorplatz vor dem Südausgang fahren alle Straßenbahnen ab, auch der **ZOB** (Fernbuslinien), liegt hier rechter Hand. Bis in die Innenstadt ist es nur 1 km.

INFORMATIONEN

Websites: Vielfältige Infos bieten die Websites von Bremen und Bremerhaven (www.bremen.de, www.bremerhaven.de) und der Bremer Touristik-Zentrale (www.bremen-tourismus.de).
Bremer Touristik-Zentrale (BTZ):
Findorffstr. 105, 28215 Bremen, Hotline: T 0421 308 00 10, www.bremen-tourism.de, Mo–Fr 8.30–18, Sa 9.30–1 Uhr. Kein Publikumsverkehr.
Tourist-Informationen
Tourist-Info Hbf: 🗺 Karte 2, F 5
Mo–Fr 9–19, Sa/So 9.30–17 Uhr.
Tourist-Info Kontorhaus: 🗺 Karte 2, E 5
Langenstr. 2–4/Marktplatz (Kontorhaus), Mo–Sa 10–18.30, So 10–16 Uhr.

TOURIST CARD

ErlebnisCARD Bremen
Die Karten inkludieren die kostenlose Nutzung von Bus und Straßenbahn in Bremen und Bremen-Nord, die Fahrt mit der Sielwall-Fähre sowie unterschiedliche Ermäßigungen bei Veranstaltungs- und Eintrittstickets; z. B. 1 € auf Ratskeller- oder Raumfahrtführung, Velotaxi-Tour oder HafenRummel der 50er; 2 € auf Tickets verschiedener kleinerer Theater; 3 € beim Weserburg-Eintritt, 50 % beim Bremer Geschichtenhaus, im Übersee-Museum und Gerhard-Marcks-Haus … (nicht bei Sonderausstellungen)
Die **›normalen‹ Karten** gelten für 1 Erw. und 2 Kinder bis 14 Jahre. 1-Tageskarte 8,90 €, 2-Tagekarte 11,50 €, 3-Tagekarte 16,90 €. Des Weiteren gibt es Karten als **Familienkarten** (2 Erw. + 2 Kinder bis 14 Jahre; 10,90/13,90/20,90 €) und als **Gruppenkarten** (5 Erw.; 18,50/23,50/29,90 €); gültig ab 18 Uhr vor dem ersten eingetragenen Tag.

REISEN MIT HANDICAP

www.bremen-tourism.de/barrierefrei: Infos zur Zugänglichkeit von Sights, Hotels, Lokalen und Zugang zur umfangreichen Datenbank Stadtführer Barrierefreies Bremen; ferner Karten/Infoblätter für einen barriefreien Altstadtrundweg und Neustadtrundweg für Alle – bunt und grün.

SICHERHEIT UND NOTFÄLLE

In Bremen wie in allen Städten heißt es: Achtung Taschendiebe. Das gilt insbesondere für den Bereich um den Hauptbahnhof, die Innenstadt oder Ostertor/Steintor und natürlich bei Großveranstaltungen wie Freimarkt,

Weihnachtsmarkt, Osterwiese etc. Auch sollte man im Dunkeln die Parks meiden. Leider hat die Belästigung, u. a. durch Antanz-Diebstähle, insbesondere im Bereich Ostertor/Steintor – wo der Bereich um die Sielwallkreuzung und auch ums Fehrfeld noch immer ein Ort ist, wo sich Dealer, Junkies etc. herumtreiben – wieder zugenommen. Der Bereich Hauptbahnhof/Discomeile Rembertiring hat sich zwar etwas beruhigt, doch auch hier sollte man abends Vorsicht walten lassen.

Notrufnummern
Polizei: 110
Notarzt/Feuerwehr: 112
Sperrnummern: Zentrale Notrufnummer zum Sperren von Bankkarten, Kreditkarten, Kundenkarten und Handykarten T 11 61 16.

UMWELTFREUNDLICH UNTERWEGS

Straßenbahn und Bus
Die BSAG (Bremer Straßenbahn AG, Kundentel. 0421 59 60 59, www.bsag.de) ist für das Bus- und Straßenbahnnetz zuständig, welches das Stadtgebiet und im Verkehrsverbund VBN das Umland erschließt. Es verkehren auch Nachtbusse. **Fahrscheinkauf:** am Automaten im Verkehrsmittel oder an der Haltestelle, im Bus teils beim Fahrer (Einzeltickets sind automatisch entwertet) oder bei den Verkaufsstellen der BSAG (Hauptbahnhof, 🕮 Karte 2, F 4/5, Mo–Fr 7–20, Sa 9–18, So 9–17 Uhr, Domsheide, 🕮 Karte 2, E 6, Mo–Fr 8–19, Sa 10–18 Uhr) erhältlich. Kurzstrecke (Einstiegsstopp + 3) 1,40 €, Preiszone I 2,70 € (Kinder 1,40 €), Tagesticket (je Ticket 1 Erw., 3 Kinder 5–14 Jahre) 7,80 € (es gibt auch Tickets für bis zu 5 Erw.), 7-Tage-Ticket 21,70 €. Es wird ein Nachtlinien-Zuschlag (1 €) erhoben. Fahrradmitnahme 1,90 € (Tagesticket).

Schiffe im Linienverkehr
Die **Reederei Hal över** (Schlachte 2, T 0421 33 89 89, www.hal-oever.de, Büro: Mo–Fr 9–17 Uhr) bedient die Strecke **Bremen–Bremerhaven** im Linienverkehr ab Bremen-Martinianleger (🕮 Karte 2, E 6, Tickets dort). Ab Martinianleger Mai–Sept. Sa 8.30, So 9.30, 1.6.–15.9. auch Mi/Do, Juli–Aug. auch Di 8.30 Uhr, zurück ab Bremerhaven Seebäderkaje 15.15 Uhr. Preis bis Bremerhaven 16 € (hin und zurück 26 €), Kinder (4–14 Jahre) zahlen die Hälfte. Fahrradmitnahme möglich. Hafenrundfahrten zum Containerterminal und zu den Seehundbänken (90 Min.) ab Seebäderkaje 13 Uhr, Erw. 9 €, Kinder 4–14 Jahre 4,50 € (mind. 20 Pers.).
Bei Werder-Bremen-Heimspielen bietet sie **Transferfahrten zum/ab Weserstadion** ab Farge, Blumenthal, Vegesack (🕮 Karte 4), Waterfront/Pier 2 (🕮 A 1) oder Martinianleger zum Stadion. Reservierungspflicht (außer ab Martinianleger)! Abfahrtszeiten, Buchung s. Website. Ticketpreis ab Vegesack/ab Waterfront 7/4,50 €, hin und zurück 10/7 €.
Die **Sielwallfähre** (🕮 F 6/7) der Reederei verkehrt März–Okt. Mo–Fr ab 7, Sa/So, Fei ab 9 Uhr zwischen Sielwall/Osterdeich und Weserinsel/Café Sand bis Schließung Café Sand, mind. bis 19 Uhr (1,40 €, + Rad 1,70 €, Kind 0,60 €, + Rad 0,70 €). Im Winter abweichend, aber immer als Park & Ship bei Veranstaltungen im Weserstadion (Parkplatz beim Kuhhirten auf der Weserinsel).
Die **Weserfähre Pusdorp** derselben Reederei pendelt Mai–Sept. Sa/So, Fei 10.30–18.30 Uhr alle 30 Min.: (🕮 A 1/2, Pier 2/Waterfront–Molenturm/Überseestadt–Lankenauer Höft. Ideal für Radfahrer und Spaziergänger (einfach/+ Rad1,40/1,70 €, Kinder/+ Rad/0,60/0,70 €, hin/rück 2,30/2,60 €, 0,90/1,10 €.

Taxis
In der Innenstadt gibt es diverse Taxistandplätze. Grundpreis 3,30 €, 1.–4. km 2,05 €/km, 5.–10. km 1,80 €/km, ab 11. km 1,40 €/km, Wartezeit 0,45 €/Min. **Frauen-Nacht-Taxis** (18–6 Uhr, nur auf tel. Bestellung bei Taxi-Roland und Taxi-Ruf Bremen, bis zu 20 % günstiger).

Taxi-Roland: T 0421 144 31
Taxi-Ruf Bremen: T 0421 140 14
Autoruf Bremen-Nord: T 0421 65 00 05

F FAHRRAD

In Bremen wird viel Fahrrad gefahren, es gibt sogar einige Straßen, auf denen Räder Vorrang vor Autos haben. Schön sind Touren entlang der Weser oder ins Blockland (► S. 65). Unter www.bikecitizens.net/de/staedte/bremen/ kann man sich ein Fahrradnavi kostenlos (auch Tourvorschläge) herunterladen.
Radstation/ADFC: Karte 2, F 5, Bahnhofsplatz 14a, Haltestelle Hbf, T 0421 51 77 88 22, www.adfc-bremen.de, März–3. Okt. Mo–Fr 8–19, Sa/So, Fei 9–14, 4. Okt.–Febr. Mo/Di, Do/Fr 10–18, Mi 8–19, Sa 10–13 Uhr. Cityräder 12 €/24 Std., Pedelecs 30 €/24 Std. Kaution vorbehalten, Personalausweis.
123 Rad: T 0421 169 01 00, www.1-2-3rad.de, Mo–Fr 8–20, Sa/So 9–20 Uhr, Okt.–Febr. So geschl. Kinderräder ab 7,50 €/24 Std., kautionsfrei, Erwachsenenräder ab 9,50 €, ab 30 € Kaution, Personalausweis. Auch Tandems, Rikschafahrten (Happy Rikscha Tours, ► S. 113), Reparaturen.
Reederei Hal Över: ► S. 111. Von Mai bis Sept. tgl. 9–17 Uhr, verleiht auch die Reederei Hal över in Zusammenarbeit mit Movelo am Martinianleger (Karte 2, E 6) E-Bikes. Ganzer Tag (9–17 Uhr) 22 €, teils sind Räder auch für einen halben Tag (9–13, 13–17 Uhr) oder nachmittags ab 14 Uhr für 2 Std. buchbar. Das **Fahrradparkhaus** am Hauptbahnhof (tgl. 24 Std., 1 €/Tag) bietet Platz für 1500 Räder. In den Brepark-Parkhäusern Am Brill, Mitte und Vegesack Hafen stehen Fahrradparkplätze zur Verfügung.

Segways
mp2 Segway Agentur Bremen: T 0421 430 01 13, www.segway-agentur-bremen.de. Vermietung von Segways (35 €/Std.) und Segway-Touren. Mindestalter 18 Jahre, Sicherheitseinführung erforderlich, deutscher Führerschein (mind. L, M, S). Z. B. Überseestadt (1,5 Std., 45 €), Blockland (2,5 Std., 59 €).

Velotaxi
Velotaxi Bremen: Hinter der Balge 8, Mitte, T 0421 24 42 67 67, www.bremen.velotaxi.de. Von April bis Oktober 10–20 Uhr sind Velotaxis in Bremen unterwegs, die Sie wie ein normales Taxi stoppen können, natürlich geht es auch per Vorbestellung. Streckentarif: 1. km 5 €, jeder weitere 4 €; bucht man eine kleine **Rundtour** greift der Zeittarif: 15 Min. 11 €, 30 Min. 19 €, 60 Min. 34 €, große Bremen-Tour (2 Std.) 65 €.

STADTFÜHRUNGEN

Bremer Touristik-Zentrale (BTZ): ► S. 110. Die **Busrundfahrten** der BTZ starten am ZOB bzw. an der Domsheide: ab ZOB (Karte 2, E 6, Bussteig L, tgl. 11 Uhr, Fahrtende vor Glocke), ab Domsheide, vor der Glocke (Karte 2, E 6, Bahnsteig H, tgl. 12.30 Uhr, Dauer 80–90 Min., Erwachsene 13,90 €/6–17 Jahre in Begleitung eines Erw. 8 €, Familienkarte 2 Erw./3 Kinder 29,90 €). Ab der Tourist-Info Langenstraße/Kontorhaus (Karte 2, E 5) starten März–Okt. mehrmals tgl. **Elektro-Minibus-Rundfahrten** (50.-Min.-Innenstadt 6,90€/6–17 Jahre 3,90 €; Familienkarte 2 Erw./3 Kinder 6–17 Jahre, nur mit Voranmeldung, T 0421 308 00 10, 19,90 €); 65-Min.-Überseestadt 9,90/4,90 €; Familienkarte/s.o. 19,90 €. Die BTZ bietet auch **Segway-Touren** an (ab 45 €, Mindestalter 16 Jahre, mind. Führerschein Klasse L, M, S), Treffpunkt Segway Agentur Bremen, Neidenburger Str. 9, (K 6), T 0421 430 01 13, www.mpquadrat.de, Tram 1, Julius-Brecht-Allee.

Stadtrundfahrten per Rikscha: Mit **Happy Rikscha Tours** (T 0421 169 01 00, www.1-2-3rad.de) kann man die Stadt per moderner Fahrrad-Rikscha erkunden. Möglich sind z. B. eine Stadtrundfahrt oder eine Bürgerparktour (T 0421 16 90 100, 1 Std./2 Pers. 49 €).
Stadtrundfahrten per Velotaxi: ► S. 112
Die Bremer Touristik-Zentrale (BTZ): ► S. 110. Die BTZ bietet auch ca. zweistündige **Stadtrundgänge** durch die Bremer Innenstadt an. Start: Foyer Tourist-Info Langenstraße/Kontorhaus (🕮 Karte 2, E 5, Tram 2, 3 Obernstraße), wo auch die Karten erhältlich sind (tgl. 14 Uhr, Mitte April–Anfg. Okt. und während des Weihnachtsmarkts Sa auch 11 Uhr, 7,90 €, bis 12 Jahre in Begleitung Erw. frei). Auch Themenführungen.
Art.tours-Bremen: Meyerstr. 45–47, T 0421 79 01 19 05, www.arttours-bremen.de bietet Gruppen vielfältige Spaziergänge durch Bremen an, auch ›offene‹ Führungen (Termine s. Website) ohne Voranmeldung: 1,5–2 Std., 7 €, unter 12 Jahren in Begleitung der Eltern 3,50 €. Themenführungen s. Website.
Bremen Lotsen: T 0421 40 89 95 05, www.bremen-lotsen.de. Klassische und besondere Touren, auch als ›offene‹ Führungen (ca. 1,5 Std., ab 7 €). Termine/Themen s. Website.
StattReisen Bremen e.V.: Rembertistr. 99, T 0421 430 56 56, www.stattreisen-bremen.de. Auch hier gibt es die etwas anderen Stadtführungen, z. B. durch die Bremer Unterwelten, den Flughafen, das ›Viertel‹ etc. Auf der Website finden Sie alle Informationen. Anmeldung erforderlich.

Weser- und Hafenrundfahrten

Schiffsrundfahrten in Bremen
Weser- und Hafenrundfahrt: Die Reederei Hal över (s. o.) bietet u. a. eine Weser- und Hafenrundfahrt an: Martinianleger (🕮 Karte 2, E 6), März/April, Okt. Mo–Fr 11.45, 13.30, 15.15, Sa/So, Fei auch 10.15, 16.45, Mai–Sept. tgl. 10.15, 11.45, 13.30, 15.15, 16.45, Dez., Febr. Sa/So, Fei 13.30, 15.15 Uhr, nicht zwischen Weihnachten und Neujahr, 10,50/4–14 Jahre 6,20 €. **Weitere Rundfahrten** u. a. ab Vegesack nach Worpswede mit 3 Std. Aufenthalt im Künstlerdorf. Diverse weitere Sondertouren im Programm.

Torfkahnfahrt
Ein Erlebnis ist eine Torfkahnfahrt, z. B. mit Torfkähne Bremen (Infos/Buchung: 🕮 F 3, Neukirchstr. 1, Findorff, T 042137 87 75-86, www.torfkaehne-bremen.de, Mo–Fr 11–16.30 Uhr) ab Torfhafen Findorff (🕮 F 3/4), Bus 26, 27 Findorffallee/Torfhafen, ab 16 € (je nach Strecke).

Hafenrundfahrten in Bremerhaven
Hafenbus: Reservierung via Tourist-Info Bhv, ► S. 71! Ab Schaufenster Fischereihafen, Forum Fischbahnhof (Zustieg Schiffahrtsmuseum/Zoo am Meer 10/15 Min. später) Nov.–Mitte März Mo–Fr 14, 16.30, Sa/So, Fei 11, 14, 16.30, Mitte März–Okt. tgl. 14 Uhr, 10,90 €/4–17 Jahre 9,20 €, Familien (2 Erw./2 Kinder) 28 €, jedes weitere Kind 3,70 €.
Reederei HaRufa: H.-H. Meier-Str. 4, T 0471 41 58 50, www.hafenrundfahrt-bremerhaven.de, ab Neuer Hafen, Südkaje Anfg.–Mitte März, Nov. tgl. 12, 13.30, 15, Mitte März–Okt. ab 10.30 alle 45 Min. bis 16.30 Uhr, 11 €, 14–17 Jahre 7,50 €, 4–13 Jahre 5 €.
Reederei Hal över: ► S. 111. Hafenrundfahrt ab Seebäderkaje Bremerhaven, Mai, 15.–30. Sept. Sa/So, Fei, Juni, 1.–15. Sept. Mi/Do, Sa/So, Juli/Aug. Di–Do, Sa/So ca. 13 Uhr, 9 €, Kinder die Hälfte.
Fischereihafen-Rundfahrt, Bremerhaven: Die **Reederei Grotstück** (Schaufenster Fischereihafen, T 0471 929 20 95, 699 99 22) bietet eine 80-minütige Rundfahrt durch den Fischereihafen an, mindestens 10 zahlende Personen müssen teilnehmen, sonst findet die Tour u. U. nicht statt (Ende März/April, Okt./Nov. tgl. 12, 14, Mai–Sept. tgl. 11, 12.30, 14.30, 16 Uhr, 9 €, 4–13 Jahre 4,50 €, 14–17 Jahre 7,50 €, Familien/2 Erw.+2 Kinder 20 €).

O-Ton Bremen

TACH AUCH

Tag auch
hallo, guten Tag

bischa nich kluch

bist ja nicht klug
du bist ja dumm/blöd, auch: gibt's ja wohl nicht

DAT DAT DAT GIFFT

das das das gibt
Ist es denn die Möglichkeit?

moin

morgen
hallo, guten Tag

nu wer'n Se doch nich gleich fünsch

nun werden Sie doch nicht gleich fünsch
nun seien sie doch nicht gleich sauer (wenn es mal etwas hitziger zugeht)

bannig

sehr, gewaltig

Bremen und umzu

Bremen und drum herum
Bremen und Umgebung

Ich geh nach Tanne Meier

Ich gehe zu Tante Meier
Ich gehe aufs Klo (hört man zugegebenermaßen fast nie)

DA NICH FÜR

Da nicht für
Dafür nicht – keine Ursache

lütsch

klein

das war'n netten Klönschnack

Das war ein netter Klönschnack
Das war ein nettes Gespräch

Das Klima im Blick
Reisen bereichert und verbindet Menschen und Kulturen. Wer reist, erzeugt auch CO_2. Der Flugverkehr trägt mit bis zu 10 % zur globalen Erwärmung bei. Wer das Klima schützen will, sollte sich – wenn möglich – für eine schonendere Reiseform entscheiden oder die Projekte von atmosfair unterstützen. Flugpassagiere spenden einen kilometerabhängigen Beitrag für die von ihnen verursachten Emissionen und finanzieren damit Projekte in Entwicklungsländern, die dort den Ausstoß von Klimagasen verringern helfen (www.atmosfair.de). Auch die Mitarbeiter des DuMont Reiseverlags fliegen mit atmosfair!

Abbildungsnachweis

DuMont Bildarchiv, Ostfildern: S. 75 (Marczok)
Fotolia, New York (USA): S. 22 u. (kopfundbauch)
Glow Images, München: S. 77 (ImageBroker); 120/4 (ImageBroker/Bmsch)
Hats on Stage, Bremen: S. 102
Huber-Images, Garmisch-Partenkirchen: S. 16/17 (Rellini); 74 (Lubenow)
iStockphoto, Calgary (Kanada): S. 22 o. (Imaginarius)
Laif, Köln: S. 120/3 (Archivio GBB/Contrasto); 24, 36 u., 94 (Azumendi); 14/15, 26, 49, 51, 52, 65, 81, 85, 90, 120/8 (Babovic); 120/1 (Chip HIRES); 70 (Gerber); 64 (Heuer); 101 (Kost); 120/2 (Lengemann); 120/9 (Polaris/Bredehorst); 120/7 (Tjaden)
Look, München: S. 36 o., 93, 104 (Travel Collection); Titelbild (Wohner)
Mauritius Images, Mittenwald: S. 7 (age/Bibikow); 20 (age/Hoffmann Photography); 22 M. (Alamy/Behnke); 4 u., 32 (Alamy/Forsberg); 35 (Alamy/Otto); 98 (Alamy/Schulz); 4 o. (imageBroker/Blossey); 55 (imageBroker/Robbin); 28, 120/6 (Krüger); 37, 106 (Travel Collection)
Nff Club, Bremen: S. 109 (jfw)
Picture-alliance, Frankfurt a. M.: S. 120/5 (Breuel-Bild/PuK)
Britta Rath, Wilstedt: S. 5, 45, 48, 53, 58, 61, 67, 86, 89
Bildagentur Schapowalow, Hamburg: S. 8/9 (Bäck); 33 (Bias); 62, 69 (Gräfenhain); 12/13, 72, 78/79 (SIME/Croppi); 41 (SIME/Rellini)
Zeichnungen: S. 2, 11, 21, 40, 43, Umschlagklappe vorn (Konopik)

Kartografie

DuMont Reisekartografie, Fürstenfeldbruck

Umschlagfotos

Titelbild: Rolandstatue auf dem Bremer Marktplatz

Hinweis: Autorin und Verlag haben alle Informationen mit größtmöglicher Sorgfalt geprüft. Gleichwohl sind Fehler nicht vollständig auszuschließen. Alle Angaben erfolgen ohne Gewähr. Bitte schreiben Sie uns! Über Ihre Rückmeldung zum Buch und Verbesserungsvorschläge freuen sich Autorin und Verlag:
DuMont Reiseverlag, Postfach 3151, 73751 Ostfildern,
info@dumontreise.de, www.dumontreise.de

1. Auflage 2017

Autorin: Britta Rath
Grafisches Konzept: Eggers+Diaper, Potsdam
Printed in China

Kennen Sie die?

9 von 672 000 Bremer(havener)n

Karl Carstens
Vom Mitglied der SA und der NSDAP zum CDU-Mitglied und fünften Präsidenten der Bundesrepublik Deutschland. Begraben liegt er auf dem Riensberger Friedhof.

Sven Regener
Der Musiker, Gründer von Element of Crime, und Autor lebt nicht in seiner Geburtsstadt Bremen, doch in seinen Büchern »Herr Lehmann«, »Neue Vahr Süd«, »Der kleine Bruder« spielt sie zumindest eine kleine Rolle.

Lale Andersen
Unvergessen ist sie, ist ihre Stimme, sind ihre Lieder, nicht zuletzt dank des Films »Wie einst Lilli Marleen«, die gebürtige Bremerhavenerin (Leherin) Liese-Lotte Helene Berta Bunnenberg.

Borgward Isabella
Immer noch traumhaft, die 1954–61 in Bremen gebaute Autolady. Anfangs hieß sie Hansa 1500.

Julia Engelmann
In Bremen geboren, in Bremen studierend – die Schauspielerin und Poetryslammerin, die bereits zweimal das Bremer Slammerfilet gewann.

Ludwig Roselius
Eine Büste erinnert in ›seiner‹ Böttcherstraße an den Kaffeekaufmann und Kunstmäzen, geschaffen hat sie der Bildhauer Bernhard Hoetger.

Hans Koschnick
Er starb im April 2016. Der ehemalige SPD-Bürgermeister Bremens und ehemalige EU-Beauftragte für Mostar wird in der Freien Hansestadt nicht vergessen werden.

Roland
Er steht auf dem Marktplatz und verkündet den Bremern bis heute die Freiheitsrechte.

Barbara Sukowa
Ebenfalls in Bremen geboren, wo sie auch ihr Abitur machte, lebt die renommierte Schauspielerin und Sängerin nun schon seit vielen Jahren in New York.